공대생도
영어, 중국어
할 수 있다

공대생도 영어, 중국어 할 수 있다

발행일 2019년 2월 22일

지은이 최 성 옥
펴낸이 손 형 국
펴낸곳 (주)북랩
편집인 선일영   편집 오경진, 권혁신, 최예은, 최승헌, 김경무
디자인 이현수, 김민하, 한수희, 김윤주, 허지혜   제작 박기성, 황동현, 구성우, 정성배
마케팅 김회란, 박진관, 조하라
출판등록 2004. 12. 1(제2012-000051호)
주소 서울시 금천구 가산디지털 1로 168, 우림라이온스밸리 B동 B113, 114호
홈페이지 www.book.co.kr
전화번호 (02)2026-5777   팩스 (02)2026-5747

ISBN 979-11-6299-556-3 03320 (종이책)   979-11-6299-557-0 05320 (전자책)

이 도서의 국립중앙도서관 출판예정도서목록(CIP)은 서지정보유통지원시스템 홈페이지(http://seoji.nl.go.kr)와
국가자료공동목록시스템(http://www.nl.go.kr/kolisnet)에서 이용하실 수 있습니다.

(주)북랩 성공출판의 파트너

북랩 홈페이지와 패밀리 사이트에서 다양한 출판 솔루션을 만나 보세요!

홈페이지 book.co.kr • **블로그** blog.naver.com/essaybook • **원고모집** book@book.co.kr

공대생도 영어, 중국어 할 수 있다

Dedicated to Vierka, the one I love

최성옥 지음

북랩 book Lab

어떻게 그렇게 다른 인생을 사세요?

공대생으로서 그리고 같은 아시아 사람으로서도 중국어를 공부하는 게 쉽지 않고, 다른 사람들은 별거냐고 하는데 전 세계 공용어인 영어 또한 공부한다는 게 쉽지 않다. 이 책은 중국어, 영어 연수를 떠나기 전에 준비하는 과정과 중국 북경, 캐나다 토론토로 이사하고 언어들과 전투를 하는 모습들을 보여준다. 그 결과는, 중국어에 관해서는 기초 반에서 시작해서 1년 만에 북경어언대에서 'E' 고급반을 수료했고, 영어에 관해서는 캐나다 iLac 어학원에서 상반을 수료하고 토론토 현지에서 인턴십을 성실히 마무리하고 귀국하였다. 결국 지 자랑하고 잘난 체하는 내용이다. 욕 바가지로 먹기 딱 좋은 책이다. 그래도 이 책 구석구석에는 왜 외국어를 배우기 시작했는지 동기에 대해 설명되어 있고, 또한 어학 능력 개선을 위해서는 어떤 환경 조성이 좋을지에 대해 서술되어 있다. 그와 동시에, 중국, 내몽고, 북한 국경, 티베트의 수많은 도시, 마을로의 여행을 간접 경험할 수 있다.

지금 여기 유럽 체류 8년 차. 하얀 눈으로 덮인 세상을 보며 글을 편집해 나간다. 여유롭다. 이번에도 딱 10년 전이다. 10년 전 캐나다 토론토에서 크리스마스 연휴에 난 이 글을 적고 있었다. 중국 어언대에서 어학연수를 마치고 나서, 한국에서 가족과 며칠 얼굴도장만 찍고, 토론토로 바로 넘어갔다. 그리고 대략 반년 지날 때쯤, 난 자판을 두들기고 있었다. 그때 그 노트북이 은색이었던가? 기억도 은색처럼 희미해진다. 고향 집에 두었는지, 부모님 집에 두었는지, 그 노트북 찾으면 추억의 사진도 많을 터이다. 한국 가고 싶다.

"당신은 여행가인가요?"

"아, 그게…."

"언어학자인가요?"

"절대 아니에요."

"스포츠 골수인가요?"

"좋아하긴 합니다."

"결혼 안 하세요?

"하고 싶긴 한데요."

비주류 무소속이다. 전공은 전기전자전파공학이다. 9학기 만에 졸업했다. 9학기 안에 졸업할 수 있어서 다행이었다. 난 공학을 사랑한다. 골방에 모여 반도체 불량 원인 찾았을 때, 밤새 못 찾다 아침 새 소리와 함께 프로그래밍 버그를 고쳤을 때의 그 희열을 좋아했다.

하숙집에 문과 선배가 2명이 있었다. 저녁 식사 때 그리고 맥주 마실 때마다 항상 공대생을 불러다 놓고 犬무시를 한다. 공대생은 대화 수준이 낮고, 어학 능력도 떨어져 자기들과 말이 안 통한다고 무시하고, 때로는 쌍욕까지 섞어가며 쓰레기 취급했다. 나의 같은 학번의 문과 동기생들이 있어도, 하찮은 일은 공대생에게 다 시켰다. 아 이 C8. 우리나라 먹여 살려온 게 공업이고, 해외 수출입하는 제조업 대부분이 공학이 기반이지 않냐고 항변하지만, 말 짧은 나에게 오히려 버릇없다고 더 심한 욕을 들어부었다. 난 그 후로 장르 불문하고 손에 잡히는 대로, 닥치는 대로 책을 읽었다. 소설, 수필, 미술, 음악, 역사, 철학, 심리학 등 잡식을 했고, 이 선배들이 틀렸다는 걸 증명해 보이기 위해 영어책을 붙들어 잡기 시작했다. 딴 건 모르겠고, 기존 영어 교육 방식대로 도서관에서, 그리고 집에서 외우고 또 외우는데, 영어 실력은 쉽게 늘지 않는다. 뭔가 잘못된 거 같은데, 답을 알려주는 사람도 없다. 그러다가 어느 날 우연히 '영어 공부 절대로 ×× ××××'라는 책을 접하게 되면서, 신선한 충격을 받는다. 역시나 주입식 교육이 문제였다. 확 깨었다. 어학 학습 관련해서 할 말은 많은데, 일단 프롤로그이니 말을 아껴두고 뒤에 차츰 풀어 보자. 이 글 어딘가에 대놓고 비판하는 내용이 있으니 참조해도 좋겠다. 그 선배들을 다시는 보질 못했다. 만날 일도 없겠지만, 만나게 되면 따지고 싶다. 왜 그랬느냐고? 자랑스러운, 우리 공돌이, 공학도들에게 왜 못된 짓만 해 댔냐고. 단, 오해하지 말길. 내가 좋아하고 사랑하는 다른 문과 선배들 많다. 그러나 그 두 명의 문과 선배는 참 별로였다. 물론 지금 그들은 용서 대상이다. 여하튼 이 선배들 덕에 열받아서 책도 많이 읽게 되었고, 영어도 달리기 시작했다. 그리고, 하다 보니, 롤모델 따라 바다 건너 중국을 향했다. 섞였다, 언어상. 짜장 반, 짬뽕 반이다. 스펙 쌓으려 걸어간 행로는 아니다.

  크리스마스 선물로 영화 티켓과 운동 바지를 선물로 받고 받았다. 단거를 후식으로 많이 먹어서 속이 달달한 밤, 토론토 홈스테이 침대에

누워 한 해를 돌아보는 시간을 보냈다. 중국, 캐나다에서 행복했던 시간들이 영화처럼 버퍼링 없이 잘 돌아간다. 침대에서 벌떡 일어난다. 음, 책을 써보는 건 어떨까? '글'로 '사진'으로 추억을 정리할 겸, 언제 어디서든 읽게 되면, 추억을 회상할 수 있는 결과물을 만드는 것도 좋을 것 같다. 두근두근, '야동' 보는 것보다 더 흥분된다.

제목을 무어로 할까? 무슨 이야기를 쓸까? 소재들을 떠올리기 시작한다. 컴퓨터를 켜고 엑셀 프로그램을 실행한다. 제목 후보와 글 소재들을 일일이 두들겨 본다. 컴퓨터가 편하다. 디지털 시대에 태어난 건 행운이다. 뭐 한 것도 없는 데, 밤을 새운다. 크리스마스 아침이 밝아온다. 안녕, 산타? 메리 크리스마스~!

중국어 유학 더하기 영어 유학. 이 선택은 인생 1루타였다. 1루에 세이프되었다. 1루에 나가게 되니, 주위 사람들이 관심을 가져주고 응원도 해준다. 심지어 도루할 기회도 주어진다. 금수저, 은수저 없이 태어난 우리 미생들은 월세 내고 은행이자 갚기 바쁘고, 생활비 마련하기도 바쁘다. 눈칫밥 먹으며 열심히 일해서 받은 월급은 유리 지갑인지라 이것저것 세금 떼 나가고, 남은 금액마저도 통장에 잠시 들렀다 갈 뿐, 어디론가 다 사라진다. 그래도 흙 퍼먹고 살지 않기 위해서는 무언가 변화를 주고 싶지만 쉽지 않다. 얽매인 게 많다. 홈런은 바라지도 않는다. 저 1루 베이스만이라도 밟고 싶다.

초긴장한 모습으로 타석으로 걸어나간다. 무섭기도 하다. 타석에 얼 빠진 채로 서 있다가, 어렵사리 정신 차려 투수를 바라본다. 직구, 슬라이드, 몸쪽 변화구 잘 던진다. 내 혼을 다 빼놓더니, 벌써 투 스트라이크이다. 어쩌나 어쩌나. 투수가 이번엔 방심했는지, 공을 정중앙으로 던진다. 기회다, 찬스 볼이다. 한껏 배트를 돌린다. 휙~ 딱~ 유격수 키를 넘겼다. 안타. 안타다~ 미생이 안타를 쳤다. 달리다 죽어도 후회 없다. 1루를 향해 전력 질주를 한다. 세이프~! 야호~.

미생의 1루타. 그 이야기를 휘갈겨 보련다. 나도 할 수 있다는 가능성의 이야기를 적어 보련다. 대박, 로또는 기대하지 않는다. 경기도의 기숙사에서 미생의 꿈은 시작된다.

China 2. Major league · 188

Epilogue · 231

제1부

국문판

우리도
영어, 중국어
할 수 있다

한국. 변화의 시작

직장인 금지 도서

법정 스님의 『무소유』를 읽기 시작했다. 고등학교 시절, 누구나 한번 읽어봄 직한 책이다. 오랜만에 되새기는 법정 스님의 말씀들, 나에게 여전히 많은 깨달음을 주신다. 일요일 아침, 거실에서 조용히 책을 읽고 있는데, 잠에서 깬 방 친구가 나를 향해 묻는다.

"성옥아, 무슨 책 읽고 있니?"

"응, 법정 스님의 『무소유』 책이야."

"정말? 조심해! 그 책은 직장인들의 금지 도서야. 하하하."

'직장인 금지 도서', 이 말에 한참을 웃었다. 그 친구 말에 따르면, 직장인들이 이 책을 읽다 보면 지금 자신이 과하게 소유하고 있다는 사실에 허탈해하며 근무 의욕이 저하되기 쉽다는 게다. 무소유, 무소유. 그 친구 말이 옳다. 내가 갖고 있는 게 지나치게 많구나.

회사가 경기도 남쪽에 있다 보니, 서울 오고 가는 버스 안에서 책을 읽을 기회가 많다. 친구 만나러 가는 길에 혹은 주말 회화 모임 가는 길에, 강남 쪽 서점을 들르곤 한다. 먹을 것을 찾아 헤매는 하이에나처럼 어슬렁어슬렁, 무슨 좋은 책 있을까 하고 두리번거린다. 베스트셀러

목록에서 김혜자 님의 『꽃으로도 때리지 말라』를 발견하게 된다. '꽃'은 美, '때림'은 질책. 모순된 단어로 보이는데 독특한 제목의 이 책은 나의 시선을 잡는다. 이곳저곳 공감 가는 부분이 참 많다. 그리고 기존에 알지 못했던 극빈층에 대해 이해를 돕는다. 사진들이 신랄하다. 책을 구입한다. 다시 처음부터 읽기 시작한다. 중독성이 강해 한번 잡은 이 책은 내려놓을 수 없다. 강남에서 대학로로 향하는 전철 안에서도 계속 읽는다. 이미 눈시울이 붉어졌다. 결국은 눈방울이 떨어진다. 만원인 전철 안에서 눈물 닦느라 바쁘다. 난민들의 삶이 이렇게 처절할 수가…. 이들에 비하면 내가 행복한 거다. '자신의 냉장고에 먹을 것이 있고, 입을 옷이 있고, 비를 막아 줄 집이 있다면, 지구상의 75% 사람들보다 잘사는' 거란다. 난 호화롭게 살고 있었던 게다. '꽃'은 나의 마음과 가슴을 무자비하게 내려친다. 인정사정이 없다.

오래전에 한비야 님의 책을 구입한 적이 있다. 올 설날에 고향 집에서 다시금 한비야 님의 책을 들고나온다. 『중국 견문록』. 대학교 때, 이 책에 끌려 중국으로 유학 간 사람들도 보았다. 한비야 님은 신기한 능력을 지니고 계시다. 이분의 책을 읽노라면 용기가 마구 솟고 의욕, 열정의 피가 끓는다. 대학 시절에 3학점으로 들었던 교양 중국어가 기억이 난다. 교사 한 분이 이런다. "독어는 울고 들어갔다가 웃으며 나오고, 불어는 웃고 들어갔다가 울며 나온다."라고. 중국어는? "울고 들어갔다가 울며 나온다." 한다. 어찌 보면 한국어랑 비슷한 면이 좀 있어서 웃고 들어갈 법도 한데, 일단 학습 초기에는 그 수많은 한자 앞에서 한번 좌절한다. 한자를 외우고 성조를 열심히 외우더라도 인간의 기억력은 한계가 있는 법. 며칠 지나면 금방 초기화되어 있다. 그리고 중고급 단계를 향해 달려가는 동안에는 서면어, 가지각색의 지방어에 굴복하여 자포자기의 위기에 처한다. 울고 나오기 딱 좋은 언어다.

『무소유』, 『꽃으로도 때리지 말라』, 『중국견문록』, 직장인 금지 도서 3권으로 스트라이크 3개, 바로 삼진 아웃을 당한다. 어느 봄날, 조용히 사직서를 내민다. 중국에 가고 싶다. 영어도 배우고 싶다. 용기를 내긴 했는데, 헤어짐엔 익숙하지 않다. 동료 직원들과의 안녕 인사가 서툴다. 받기만 한 사랑, 미소 천사들인 회사 동료들에게 미안한 마음은 어쩔 수 없다. 회사 문을 나서기 전에 나에게 선물 상자를 건네준다. 동료들의 응원 메시지가 담긴 엽서, 그리고 검정 색깔의 고급 운동화. 이 신발 신고 넓은 이 세상 열심히 밟고 다니란다. 이별 식사 자리에 내 얼굴은 상기되었고, 눈물을 감추느라 애쓴다. '의미'가 있기에, 그곳은 우리들만의 추억의 장소가 된다. 이 엽서와 이 운동화는 나에게 든든한 힘이 되어준다. 캐리어에 항상 들고 다닌다.

운동화 끈을 매고, 서서히 출발한다. 이 짧디짧은 다리로, 저 넓은 땅을 운동화 바닥이 닳도록 한 것 걸어 보자. 원하는 것 실컷 해보자. 후회되더라도 일단 해보고 후회하자. 이 순간 어디론가 떠날 수 있다는 것만이라도 즐겁지 않은가?

고시원 옥상은 나의 무대

나는 시골 촌놈이다. 학업상 상경해서 서울 산 지 꽤 돼지만, 시골 티가 꽉꽉 난다. 촌놈 티 안 나려고, 마스크 팩도 해보고 비비 크림도 발라보지만, 타고난 촌놈 외모는 어쩔 수 없다. 촌놈이라 불리는 게 편하다. 떠돌아다닌 도시가 많다 보니, 역마살이 낀 거 같기도 하다. 가는 곳이 고향이다. 제2의 고향과 제3의 고향은 이미 정해 놓았다. 그리고 제4의 고향을 모색하고 있다. 대학 친구가 묻는다. "이젠 정착할 때 되지 않았나?", "부모님께 효도해야지.", 친구야~ 조금만, 살짝 조금만 미루어도 될까? 집 떠나 犬고생하다 보면, 집 좋은 줄, 고향 좋은 줄 알아서 깨닫고, 알아서 기어 돌아가지 않을까? 할 게 너무 많아, 우선순위가 자꾸 밀린다.

집이 없는지라 서울 친구 집에 신세를 질까도 했다. 하지만 대학 시절 2년 정도 고시원 살던 경험도 있고 하니, 중국 가기 전 2달여간 고시원 생활을 하기로 결정했다. 유학 비용도 만만치 않아, 미리 아껴두는 것도 좋을 거 같다는 생각이 든다. 신림동 고시원으로 정하게 된 것은 그냥 우연이었다. 어디서 버텨야 하나 고민하다가, 서울 지하철 지도 보고 무작정 신림동으로 향하였다. 신림동 전철역을 나와 근처를 배회하다가 내부 시설이 그럭저럭 괜찮아 보이는 고시원을 정했다. 그 좁은 고시원 방에 캐리어 짐을 푸니 누울 자리만 남는다.

오전에 강남역 중국어 학원을 마치고 고시원으로 돌아오면 난 바로 옥상으로 향한다. 이유는 이렇다. 고시원이라는 열악한 환경으로 인하여, 방 안에서는 소리 내어 중국어를 연습할 수 없다. 옆방 소리 다 들린다. 침대 삐걱거리는 소리, 슬리퍼 끄는 소리, 컴퓨터 자판 두들기는 소리, 여자친구랑 키스하는 소리, 숨 쉬는 소리마저도 다 들린다. 차라리 고시원 옥상에서 공부하는 게 낫다. 마음껏 큰 소리를 낼 수 있는 옥상이 편하다. 그날 배운 중국어 문장들을 고시원 옥상에 서서 소리치며 외워 댄다. 서울, 신림동, 한 고시원, 그 고시원의 옥상, 그리고 옥상에서 하늘을 향해 혼자 떠드는 젊은 친구. 상상이 가는가? 큰 소리 내어 읽는 중국어가 왜 그리 재미있었는지 지금도 알 듯 말 듯하다. 소리 내어 외치고 외치다 보면 잘 외어지고, 알아서 발음도 교정되고, 단어, 문장들이 오랫동안 기억된다. 재미있다. 고시원 옥상은 두 달간 나만의 무대가 되어 주었다. 옥상에서 보이는 봄날의 벚꽃 풍경이 장관이다. 보라매 공원이 바로 앞이다. 하얗게 예쁘다. 옥상에 부는 따뜻한 바람도 좋다.

중국 1. 마이너 리그

늘 처음처럼

　좋아하는 글귀가 '늘 처음처럼'이다. 노래 제목이기도 하고, 벤처 회사 망하는 날 그 회사 사장님이 인사동에서 작별하면서 선물 주신 천에 붓글씨로 적힌 글귀이기도 하다. '늘 처음처럼'. 북경으로 떠나는 그 '처음' 날을 또렷이 기억한다. 새로운 변화로 인한 긴장감은 긍정의 에너지를 준다. 긴장된 순간에서의 시간의 길고 짧음은 항상 상대적이다. 북경 공항까지는 이륙 후 2시간 정도이지만, 생각도 많고 고민도 많고, 무엇을 해야 할지 계획도 세워야 하기에 한나절처럼 느껴진다. 북경 공항 출구를 나서면서 유학원 팻말을 찾느라 바삐 움직인다. 40대 후반 정도 되는 배 나온 아저씨가 한글로 쓰인 유학원 팻말을 들고 있다. 다가가 본다. 엄엄. 거꾸로 팻말을 들고 있다. 토종 중국인인지라 낫 놓고 기역 자 몰라도 된다. 팻말을 뒤집어 드린다. 멋쩍은 모습이 시골 소년 같다. 중국 땅에 처음 만나는 민간 중국인이다. 중국어로 대화를 시도해본다. 헐, 알아듣기 힘들다. 초집중해서 들어보는데, 도저히 알아들을 수 없고 대화도 안 된다. 한국서 들고 간 전자사전을 두들기며 다시 대화를 시도한다. 문득 떠오른 베이징 올림픽과 WTO 가입 경제 효과에 대해 이야기해 보려 한다. 올림픽과 WTO가 중국어로 무얼까? 뜨어, 내 잘못이다. 너무 어려운 대화 주제를 택했다. 중국에는 무수한 지방어가 있다고 귀띔해준 사람이 없었다. 중국의 수도인 북경 말조차도 지방어라고 하는데, 뒤통수를 한 방 맞은 기분이다. 지금 생각해 보면 당연하긴 당연하겠다. 아시아 면적의 4분의 1, 세계 면적의 15분의 1, 세계 제3위의 국토 면적. 중국에 가지각색의 지방어가 존재하는 것은 당연하다. 한국에서도 타지인과 방언으로 대화를 나눌 때면 어색할 때가 허다하니 말이다. 이 무수한 지방어의 존재는 향후 듣기 능력에 좌절감을 주는 원인이 되기도 한다. 기차를 타고 3시간 정도 거리에 있는 중소 도시에 들러 현지인들과 대화를 나눌 기회가 있었다. 짧은 문장만이 오고 갔지만, 도저히 대화 불능이다. 기초적인 대화도 안 되니 비참하다. 휴~! 갈 길이 멀다. 드릴 하나 구입해서 내 귀를 뚫어봐야겠다. 답답하다.

다른 날과 달리 오늘은 이 유학원을 통해 입국하는 학생이 나 혼자밖에 없단다. 한 명만 픽업하다 보니 중국인 기사가 개인 차량을 몰고 온 모양새다. 북경 시내를 향해 달리는 도로 폭이 꽤 넓다. 한국 업체들의 광고판이 자주 보인다. 햇살이 매우 강렬하다. 그리고 무지 덥다. 중국에는 기온이 40도가 넘으면, 노동자들이 업무를 중단하고 휴식을 취하는 규정이 있다고 한다. 중국에 있는 동안, 찌는 듯한 여름날에도, 낮 최고 기온은 39도로 예보된다. 40도를 못 봤다. 치트키 아닌가?

39도의 귀갓길, 북경 어언 대학 여름학기 분반 시험

설레는 분반 시험 날이다. 분반 시험 형태에 대한 정보는 1도 없다.

어떻게 시험 볼까나? 필기시험만 있으려나? 구술시험이 있으면 어떤 질문을 받을까나? 중국 오기 전에 미리 조사 좀 해오는 건데, 게으름이 항상 문제다. 아침 시험 보러 가는 길에 세계 각국의 사람들을 보게 된다. 와우~! 별의별 머리 색깔, 피부 색깔을 보면 전 세계에 부는 중국어 열풍을 알 수가 있다. 서양인이 하는 중국어를 들으면 재미있다. 겉모습과 쓰는 언어가 다르니, 왠지 어색하다. 멕시코 친구가 내게 묻는다.

"바나나가 뭔지 알아?"

"열대 과일?"

"아니야, 잘 봐. 저기 있는 친구들이 바나나야. 겉모습과 쓰고 있는 말이 다른 친구들을 바나나라고 불러."

껍질을 벗기어 봐야 속을 알 수 있단다. 여기엔 바나나가 무척 많다. 수입된 바나나 수를 통해 중국어 광풍을 다시 확인하게 된다.

시험 감독자가 나에게 묻는다.

"你学习汉语多长时间了(중국어 얼마나 배웠나요)?"

"两三个月(두세 달입니다)."

학습 기간이 분반 결정의 중요 요소라는 걸 몰랐다. B+반 배정. ABCDEF 반이 있으니 입문반은 살짝 벗어난 기초반 수준 정도이다. 괜찮다. 짧은 기간 공부한 것치고는 A반, B0반을 뛰어넘어 B+반으로 월반했다는 사실에 혼자 좋아한다. 여기에서 만난 강사들은 참 잘 가르친다. 문법 강사 1분, 회화 강사 1분이 우리 반을 맡았다. 문법 강사는 전문 교수이고, 회화 강사는 어언대 대학원생이다. 특히나 그 문법 교수는 '예제 폭격기'이다. 수많은 예를 들어가며 상세히 설명해준다. 초급 학생들이 중국어 문법을 쉽게 이해할 리 없다. 가만히 듣고 있다 보면 자연스레 이해가 가는 거 봐서는 고수는 역시 고수다. 뛰는 자 위에 나는 자 있고, 나는 자 위에 즐기는 자 있다. 즐기면서 공부를 하게 되니 마냥 행복하다. 약 먹은 사람처럼 기분이 '업'되어 있다. 아침 8시부터 12시까지의 매일의 4시간은 행복 충전 시간이 되어 주었다. 특히나 몰랐던 부분을 중국 현지에서 중국 강사한테 수업받으며 이해하는데, 매 순간이 짜릿하다. 성적 쾌감은 저리 가라다. 으쌰으쌰~!

말초 신경까지 온통 중국어로 도배하다가도, 쉬는 시간 종이 울리면 '짠' 하고 다른 언어의 세계로 변신한다. 다들 예상했겠지만 바로 '영어' 교실이다. 이 여름 학기 기간에 친구들 절반 이상이 영어권 친구들이다. 비록 중국어를 배우려 북경에 있지만, 역시나 세계 공통 언어인 영어의 중요성이 어디 가리요. 주위에 바글바글 다국어 회화자들이 상당수다. 부럽다. 다들 잘한다. 부러우면 지는데 말이다. 언젠가 나에게도 그날이 오겠지?

열정과 함께 하얗게 불태운다. 수업 종이 '땡땡땡' 치고, 하교하는 39도의 귀갓길에서 태양은 나의 벗이 되어준다. 내 피부는 그렇지 않아도 새카만데 이 태양은 나를 더 태워준다. 오븐에 익혀주는 느낌이다. 아예 흑인을 만들려나 보다. 그래도 발걸음은 가볍다. 알찬 수업을 끝내고 집으로 향하는 그 상쾌함~! 긍정의 에너지가 나의 길동무이다. 나에게만은 상쾌한 여름이었다.

내몽고 개구리

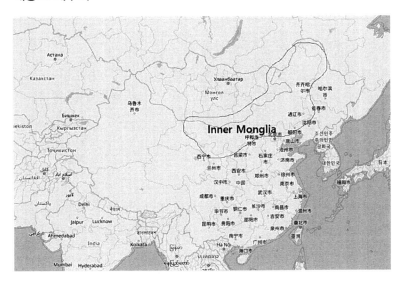

하늘의 별들을 마지막으로 본 게 언제이던가? 《그래 가끔은 하늘을
보자》라는 영화처럼 낮이건 밤이건 우리는 하늘을 봐 주어야 한다. 별
들이 그렇게 가득히 하늘을 채우고 있다는 사실을 내몽고에 도착하기
전까지 나도 잘 몰랐다. 우린 하늘 볼 짬 없이 매일 바쁘기만 하다. 뭐
가 그리 바쁜 걸까? 이번엔 같이 별을 따보자. 중국에 반팔 반바지만
들고 간지라 이번 내몽고로의 여행 출발 전에 방한을 위한 준비가 필요
했다. 여름이더라도 내몽고는 위도, 고도가 꽤 되어 해가 지면 쌀쌀하
고, 밤이 되면 춥다. 이 39도 날씨의 한여름에 방한복 구하기가 쉽지
않다. 대형 옷 가게를 세 곳 들린다. 한 가게에서 구석 창고를 뒤져가면
서 긴 팔 셔츠를 간신히 구하긴 했는데, 외투는 코빼기도 안 보인다. 준
비가 덜 되었다.

단체 버스를 타고 내몽고로 달려간다. 초원, 노란색 언덕배기들이 눈

에 들어온다. 스케일이 좀 된다. 낮에는 강력한 태양 빛으로 대지가 달구어져 무덥고, 밤에는 냄비가 식듯 온도가 영하까지 뚝 떨어진다. 저녁 파티가 끝난 뒤에 친구들과 함께 맥주 한 잔씩 들고 몽골 텐트(蒙古包) 바깥으로 향한다. 하늘을 본다. 굉장하다. 빛들이 아름답다. 별들이 바로 내 코앞에 있는 것 같다. 이 별들을 하나둘씩 세어보는데, 다 세는 데 평생 걸릴 거 같다. 한참을 감상하고 있다가, 어느덧 우리는 둘셋 짝지어 대화를 나눈다. 바람이 차갑다. 난 반바지를 입고 있다. 여학우 둘이 춥다고 아우성치자 그제야 우리는 텐트로 돌아간다. 장관은 장관이지만, 추워 죽겠다. 우선 살고 봐야 한다. 텐트 안에 빙 둘러앉아 대화를 나누기 시작한다. 영어, 중국어에 보디랭귀지를 섞어가며 서로서로 소통한다. 깔깔거리는 웃음이 그치지 않는다. 가벼운 이야기부터 시작해서 인생 설계, 꿈 같은 무거운 이야기를 나눈다. 시간 가는 줄 모른다. 찬 공기로 몸은 으스스하다. 술이 없었다면 동사할 뻔했다.

잠시 눈을 붙였나? 날이 밝았다. 온통 태양 빛으로 눈이 부신다. 지평선이 저기 저 멀리다. 녹색에서 연두색으로, 하얀색으로, 그리고 회색으로 지평선 색깔이 변하면서 끝이 보이지 않는다. 이른 아침 공기는 무척 상쾌하다. 깨끗한 공기가 허파 구석구석을 파고들어 체세포들을 행복하게 해준다. 맑은 산소 쓰나미이다.

우리는 근처 호수로 향한다. 말 타러 가는 친구도 더러 있다. 우리 몇몇은 그냥 호수에서 놀기로 했다. 호수 근처로 갈수록, 말 분비물의 향긋한(?) 냄새가 진해진다. 코끝이 똥 냄새로 찡하다. 똥 냄새로 샤워한다. 그리고 이 주변이 습지다 보니, 개구리들이 이곳저곳 뛰어다닌다. 데이비드, 에미트, 방 친구 관호와 함께 몽골 개구리 사냥에 나선다.

살다 살다 개구리 사냥을 떠난다. 호수의 돌 아래 숨어 있는 개구리들을 찾아다닌다. 처음에는 대책 없이 잡으려 했더니, 폴짝폴짝, 요놈들 잡기가 쉽지 않다. 우리는 머리 좀 쓰는 호모 사피엔스의 후예다. 도구를 사용해 보자. 플라스틱 물병을 찾아낸다. 몽골 개구리 친구들을 호수가 방향으로 우르르 유인한다. 대략 목표 지점에 도달하면 플라스틱 물병으로 개구리들을 덮어 포획한다. 성공! 2마리 월척이다. 'Wow so ugly(와, 못생겼다)!'라고 외쳐낸다. 녹색, 연두색, 그리고 빨간색이 섞인 개구리는 신비로울 정도로 못생겼다. 패셔니스타, 개성파 개구리들인가? 여학우들에게 월척 개구리를 보여주며 자랑한 뒤에 개구리들을 다시 풀어준다. 초딩 모드다. 몽골 개구리야 반갑다, 너희라도 우리와 함께 놀아줘서…

이 넓은 내몽고의 대초원을 보고 있노라면 자연스레 달리고 싶은 충동이 든다. 우리 4명은 달리기 시합을 하기로 한다. 시작점은 언덕 높은 곳이고 목표 지점은 호수 근처이다. 100m는 족히 넘을 것 같다. 자 준비~ 셋, 둘, 하나, 출발! 이 친구들이 이렇게 잘 뛰었나? 달리기 선수들이다. 아, 그리고 이곳저곳 말똥 염소똥 천지다. 똥 피하랴, 질퍽거리는 표면 위를 달리랴 난장판이다. 악착같이 따라잡으려고 발악을 하지만 역부족이다. 이놈들 왜 이리 잘 달리냐. 난 꼴찌다. 몽골 개구리배 하계 달리기 경주에서 자랑스러운 영광의 꼴찌를 차지했다.

성지 백두산

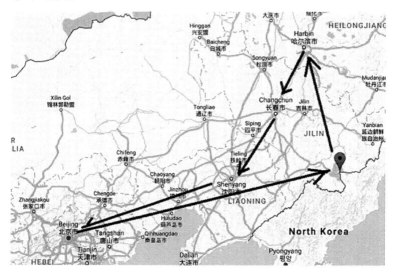

　한 달의 여름학기 수업이 끝났다. 어떤 친구들은 연계된 다음 달 여름학기 수업을 듣거나, 어떤 친구들은 한 달만 수업을 듣고 바로 귀국한다. 나는 무얼 해야 하나? 아이 심심하다. 뭔가 해야겠다. 조상으로부터 물려받은 유목민 근성이 어디 가리오, 이렇게 좋은 여행 기회를 놓칠 수 없다. 중국 지도를 본다. 그래그래, 중국 와서 가장 먼저 가고 싶은 곳이 있었지. 맞아맞아. 백! 두! 산! 이유 없이 가고 싶었던 그곳. 가자, 백두산으로~! 애국가에도 나오는 우리의 성지 백두산으로~!

　백두산으로 가는 기차표를 구하려 판매소들을 들르지만, 가는 곳마다 '没有(없습니다)'랜다. 출발 날짜가 한참이나 남았는데 표가 없다니, 그럴 리가? 넌센스다. 꼭 백두산 가야 하는데… 이번 기회 아니면 언제 갈 수 있을지도 모른다. 하도 이상해서 중국 친구에게 물어봤다. 아, 젠장! 유명 관광지 기차표는 발매 시작 당일 여행사들이 싹 쓸어간단다.

사재기를 한단다. 당연히 웃돈 얹어서 재판매를 한단다. 이런, 이런. 해결할 방법은 단 한 가지이다. 나도 웃돈 얹는 수밖에 없다. 억울하지만, 기차푯값의 5분의 1 정도의 중개료를 보태어 백두산행 기차표를 구한다. 내 인생에 언제 또 백두산을 갈 수 있으리오. 그래, 긍정적인 위안이라도 삼자.

혼자 떠난다. 나도 친구 있다고 항변한다. 난 외톨이가 아니다. 혼자 떠나는 여행은 외로울까?

"Alone does not mean lonely(혼자는 외로움을 뜻하지 않는다)."

그 북적북적한 베이징 역을 떠나 '통화'라는 지역까지 17시간 정도 침대 기차를 타고 간다. 그 후에 좌석 기차로 갈아타고 7시간 정도를 더 달려야 한다. 침대칸에서 만난 중국 친구들이 나에게 먹을 것과 맥주를 건네준다. 나의 짧은 중국어로 인해 내가 외국인이라는 게 금방 들통난다. 외국인이 신기해서인지, 아니면 자기 나라말을 사용하는 한국인이 귀여워서인지, 중국 친구들은 나에게 이것저것 마구 건넨다. 정말 괜찮다고 사양하지만, 인심은 한국이나 여기나 같다. 고맙다고 여러 차례 말하고 주섬주섬 잘 받아먹는다. 그런데, 내가 가진 건, 빵 한 롤과 인스턴트 라면 1개. 미안하지만 이 친구들에게 줄 게 없다. 배가 정말 부른다.

이도백하라는 마을에 도착한다. 기차역 나가는 입구에서 한 조선족이 나를 힐끗 보며 중국어로 수군거린다.

"太丑了." (외모적으로는 굉장히 못생겼다는 의미일 테고, 행태로는 지저분하다는 뜻 정도)

내가 가진 짐과 행세를 보고 한국인인 걸 알고 호객행위를 하러 다가온다. 물론 중국어 못 알아듣는 한국인으로 생각하고 다가오리라. 한국인으로 봐준 것만으로도 감사히 생각하자. 장시간 기차 여행으로 이미 기력이 다 빠졌고 수염이 수두룩하여, 딱 거지 꼴이었음에도 나를 한국인으로 봐줘서 고맙게 생각하자. 그 조선족은 아무 일 없었다는 듯 나에게 미소 지으며 말을 건다. "좋은 숙소가 있어요."라고 표준 한국말로 또박또박 말을 한다. 역겹다. 요즘 성질 죽이고 살기로 했다. 그냥 지나치는 게 최선이다.

피곤해 쓰러지겠는데 움직여야 한다. 근처 저렴한 숙소를 잡고 휴식을 취한다. 배고프다. 없는 기운 있는 기운 다 짜내서 근처 식당을 찾아 혼밥을 한다. 메뉴는 삼겹살이다. 긴 여정을 대비해 미리 잘 먹어 두자. 지글지글 다 구워 먹고 나니, 된장찌개도 패키지로 나온다. 배가 따뜻해졌다. 매우 행복하다. 숙소로 오자마자 스르르 곯아떨어진다. 이른 저녁부터 시체처럼 자다가 다음 날 아침에서야 정신 차리고 등산 짐을 싼다. 아~! 드디어 간다. 드디어 내 눈으로 백두산을 보러 간다.

나도 얼마 전에야 안 사실이지만, 안타깝게도 백두산의 절반은 중국 땅이다. 그리고 이름도 달라 중국에서는 '장백산'으로 불린다. 중국인들에게 백두산이라 하면 아무도 못 알아듣는다. 우연히 같은 차 안에서 만난 한국인 여대생 세 명과 함께 가파르디 가파른 장백폭포 옆 계단을 올라가기 시작한다. 보통 일반인은 40분 정도의 거리라고 하지만, 이 친구들과 이야기 나누며 올라가다 보니 진척 속도가 꽤 느리다. 뭐 미녀 삼총사랑 올라가는데, 천천히 올라가도 상관없다. 더 긴 시간을 투자할 말한 가치가 있다.

느릿느릿 기어올라 장백폭포 꼭대기에 올라서는 순간, 거짓말처럼 폭포 소리가 사라지더니 주위가 조용해진다. 단지 졸졸졸 시냇물 흐르는 소리만 들린다. 양옆으로 급격히 깎아지는 절벽이 보인다. 그 절벽 사이로 흐르는 물길 따라 몇천 년 전에는 벌건 용암이 마구 흘렀을 것이다. 사방팔방이 반지의 제왕 풍경 뺨치는 절경이다. 평온 속에 들리는 시냇물 소리, 그 물소리가 참 곱게 들린다. 다리 근육의 피로는 사라지고, 천지로 향하는 풍경에 도취하여 흥겹게 발걸음을 옮긴다. 한국인이라서 그런가? 가슴 뭉클하고 더 아름답게 느껴진다. 고귀하다.

　천지라고 쓰인 비석이 보인다. 안개비로 운동화가 다 젖어 버렸다. 온몸도 홀딱 젖어서 으스스 꽤 춥다. 물가에 도달했을 때엔 천지 하늘이 회색으로 흐렸다. 맑은 천지를 볼 수 있을까? 파란 하늘을 기대하며 근 2시간을 죽치고 기다린다. 기다리는 자에게 복이 있나니. 서서히 하늘이 갠다. 말 그대로 '천지가 개벽'한다. 구름이 걷히더니 맞은편 북한 땅이 보인다. 더 맑아진다. 참 신기하다. 옆에 있던 조선족 사람이 여대생에게 이것저것 친절히 설명해준다. 나는 귀동냥한다. 고급 정보가 많다. 저기는 무슨 형태의 무슨 봉이고, 무슨 의미가 있고, 유래가 어쩌고 저쩌고하며 설명해준다. 세상 사람들은 여대생에게 친절하다. 부럽다.
　다시금 북한땅을 멍하니 바라본다. 고속 전철이 놓여 있다면 아마도 서울에서 5~6시간이면 도착할 수 있는 거리인데, 실제로는 서울 ⇒ 북경, 북경에서 하루 꼬박 기차 타고, 그리고 차량을 섭외해서 이래저래 백두산으로 왔다. 참 멀리도 돌아왔다. 한국에서는 '연길' 시로 항공 노선이 있고, 연길로부터 백두산 근처까지 6시간 정도 타야 하는 버스가 다닌다고 한다. 돌고 돌아서 와야 하는 안타까움이 있다. 천지 물을 양손으로 움켜쥐어 본다. 꽤 차갑다. 많은 생각이 오고 간다. 사색에

젖어 든다.

옆의 여대생 친구가 조선족에게 물에 뜨는 돌에 대해서 물어본다. 어디서 들어 봤다고 한다. 그리고 그 돌들을 한국으로 가져가 부모님께 드리고 싶다고 한다. 돌이 물에 뜬다? 그 조선족 친구가 자잘 자잘한 돌들을 손에 한 줌 쥐더니 천지를 향해 휙 뿌린다. 물에 둥둥 뜬다. 어라? 어떻게 이런 게 가능하지? 새로운 물리 현상인가? 신기하다. 돌도 반란을 일으키면 물에 뜬다. 돌들을 가만히 살펴보니, 오돌토돌하다. 아~! 화산 발생 시에 용암에 공기가 들어가 부력이 발생했던 거구나. 나도 돌 몇 개 주워 온다. 집에서 자랑할 거다.

비에 젖은 몸으로 해발 2,744m의 추운 날씨를 한껏 즐겼던지라 코를 훌쩍이기 시작했다. 목감기도 금방 들어와 몸이 맞가기 시작했다. 여름옷뿐이었던지라, 방한에 소홀했다. 감기약을 먹고 또 먹어도 해롱해롱하다. 백두산 감기 바이러스를 북경까지 가져갈 기세다. 아, 약에 취한 동북 3성 여행이 시작되었다.

고구려 고성, 그리고 발해 공주 묘 현장으로

백두산 여행을 마치고 중국의 동북 지방을 돌기로 마음먹었다. 백두산에서 만난 한 한국 친구가 종이 한 장을 나에게 건네준다. 고구려 역사 발굴 현장과 발해 공주 묫자리에 관한 자료이다. 백두산을 기점으로 내가 동북지역을 반시계 방향으로 여행한 것과는 반대로 이 친구는 시계 방향으로 여행을 해왔단다. 나의 여행은 이제 시작이고, 이 친구의 여행은 이제 곧 끝나간다. 그 종이 한 장을 받는 순간 나의 마음이 흔들리기 시작한다. 본래 내가 가져간 여행 책자에는 온통 관광지 정보뿐이고, 그 안에는 예쁜 풍경 사진도 많고, 먹거리, 볼거리들이 많이 나와 있다. 관광지 vs. 역사의 현장. 음, 관광은 다음에 하자. 아무래도 역사의 현장이 더 의미 있겠다. 그 종이에는 발굴 현장의 구체적인 위치 정보는 전혀 없고, 달랑 마을 이름만 몇 개 나와 있다. 정말 이거 사막에서 바늘 찾는 거 아냐? 아무리 생각해도 그 현장들을 과연 찾을 수 있을까 하는 의구심이 든다. 이 낯선 이국땅에서? 그것도 현지 말을 이제 배우기 시작하는 단계인데 말이다.

고구려, 발해는 우리나라의 역사이다. 만주를 호령했던, 주몽이 세운 고구려. 그리고 고구려의 후예라 칭하며 거대한 동북아를 지배했던 해동성국 발해. 역사를 10세기 이상 거슬러 올라간다. 막상 늦긴 한데, 국사 수업 시간에 좀 더 열심히 배워 둘걸 하는 후회가 든다. 아는 만큼 보인다고 하지 않던가? 독감으로 눈물, 콧물 질질 흘리며, 몸이 한참 맛갔지만, 쇠를 끌어당기는 자석처럼 나를 강하게 끌어당기는 역사 현장으로 나의 마음은 떠난 지 오래다.

그 현장으로 떠나기 바로 전날에 숙소 사람들이랑 다 모여 저녁을 먹는데, 국립 국악단의 무용수들도 나의 역사 현장 체험에 합류하고 싶단다. 이 무용수들은 한중 문화 교류 차원에서 연변 지역을 순회하고 있단다. 막 공연이 끝났고 귀국 전에 기회가 되면 그 발굴 현장을 직접 보고 싶어 한단다. 험한 여행을 하기엔 너무 고우신 분들이다. 나에게 큰 부담일 수밖에 없다. 뽀얀 피부, 수준급 외모는, 이들이 중국인이 아닌 외국인이라는 게 0.001초면 알 수 있다. 중국인으로 가장해도 전혀 모를 나의 행세와는 완전 다르다. 변방 지역에서 외국인 신분을 노출하고 다니면 굉장히 위험하다고 이미 수없이 경고를 받아왔던 터이다. 어떻게 해야 하나? 짧은 나의 중국어는 금방 한계에 부딪힐 거고, 이분들, 해도 해도 너무 미인들이다. 긴장감이 나를 휩싼다. 감수해야 할 위험 부담이 너무 크다. 진지한 모습으로 한참을 고민하며 섣불리 긍정의 답을 주지 않는다. 꼭 가고 싶다고 무용수들이 재차 나에게 말한다. 미인들과 함께하면 영광이긴 한데, 아, 다시 고민한다. 몰라~! 어떻게 되겠지. 승낙한다. 그제야 이분들, 표정들이 환해진다.

주어진 시간은 단 하루. 우리 모두 아침 일찍 숙소를 나선다. 아는 게 없으니, 우선 버스에서 고구려 고성과 발해 공주 묘에 대해 아무 사람이나 붙잡고 수소문을 시작한다. 한두 명에게 물어보니, 주위 사람들이 모두 관심을 가지고 대놓고 조언을 해준다. 역시 시골 인심이 후하다. 감사할 뿐이다. 그 군중들이 우리보고 아주 조그마한 마을에서 내리라 한다. 이제부터는 소형 이동 수단이 필요하다. 버스 정류장 앞에 서 있던 삼륜차 기사와 흥정을 한다. 중국에서 제일 빠르게 익혔고 실생활에서 가장 자주 활용하는 게 '흥정'과 관련된 어휘와 문장들이다. 바가지 안 쓰고 생존과 관련되는 표현 암기는 필수다. 흥정과 관련된 문제들로만 HSK 시험을 친다면 최고급 자격증은 떼놓은 당상일 테다. 이 운전기사와 흥정을 포기할 것처럼 우리가 자리를 뜨니, 그제야 오케이를 한다. 가격 결정! 본격적인 사냥에 나선다.

지나가는 동네 사람마다 고성에 관해서 물어본다. 운전기사도 전투적으로 수소문한다. 몇 번째 마을일까? 드디어 집이 몇 채 없는 조그마한 동네로 들어간다. 아주 시골 동네라 우리 삼륜차가 이곳에서는 고급 리무진 격이다. 딱 봐도 매우 낙후된 지역이다. 마을 사람들이 저기 저쪽이 고성이라고 가르쳐준다. 잘 안 보인다. 집중하지 않으면 그냥 지나치기 쉽다. 다시 한 번 눈을 비비고 자세히 살펴본다. 아, 맞다. 고성이 맞다. 고성이 평범한 논으로 가려져 위장당하고 있다. 논 중간중

간마다 놓여 있는 돌들과 규칙적인 거리로 파인 직사각형의 모양의 흔적이 아주 오래전에 거대한 고성이 이곳에 있었음을 증명한다. 발굴 시작한 지 오래되지 않았다고 한다. 그 발굴 현장을 감상하려고 가까이 걸어가지만, 마을 사람들은 우리더러 빨리 이 마을을 떠나라고 한다. 하물며 우리 몸을 밀쳐대기까지 한다. 외국인이 이 마을에 있는 것이 발각되면 자기들이 곤란해진단다. 정말인가? 믿어야 하나, 말아야 하나? 고개도 돌리지 말고 당장 떠나라고 엄중 경고한다. 여기저기 헤매고, 간신히 힘들게 찾아온 현장인데 어찌 이렇게 단시간에 떠나라 한단 말이오? 발걸음이 무겁다. 마을 사람들은 떠나는 우리에게 말한다. 나중에 다 발굴되면 박물관에서 구경하란다.

이 발굴은 한중 합작 발굴이 아니라고 한다. 애당초 한국인들만의 발굴을 기대하진 않지만, 순전히 중국 쪽에서만의 발굴이라고 한다. 노파심이지만, 제대로 된 발굴이 될지 모르겠다. 발굴 후에도 과연 우리나라 역사 교과서의 한 대목으로 쓰일지 아닐지 의구심이 든다. 나오는 길에 마을 입구에 떡하니 고구려 고성이라고 한글로 적혀 있는 비석을 확인한다. 마을로 들어갈 때는 너무 흥분해서였는지, 이 비석을 미처 발견 못 했나 보다.

우리의 다음 목표는 발해 공주 묘이다. 고성을 찾던 방식과 동일하게, 마구잡이 식 수소문을 통해 두 번째 목표를 찾아간다. 유경험자인지라 이번엔 안내판도 놓치지 않는다. 발해 정효공주 묘 안내판이 보인다. 찾았다! 가는 길에 과수원 주인 이야기를 들어보니, 중국 발굴단에서 발굴 작업을 대부분 마쳤다고 한다. 지금은 최종 마무리 작업만 진행 중이라고 한다. 발굴된 공주 묘들에 대해 설명도 해주신다. 묘의 위치와 발굴된 물건들을 볼 수 있는 장소까지 알려주신다. 친절하시다.

얼마 안 되는 거리에 있지만, 심장 떨려 잘 못 걷겠다. 비 오는 언덕길을 걸어 올라간다. 발굴 현장은 이미 지하까지 파여있었고, 비를 막기 위해 검은 포장재로 허술하게 덮여 있었다. 아, 속상해~! 역사적 발굴 현장이라고 하기엔 너무 난장판이다. 진흙은 여기저기 흩어져 있고, 심지어 접근 금지 표지판도 없다. 보통 발굴 현장이나, 작업 현장에는 무슨 작업을 하는지에 대한 설명판이라도 있지 않나? 아무것도 없이 땅만 파여 있다. 이날은 오전에 비가 계속 내려서 발굴 작업단은 현장에 나오지 않았다 한다. 있는 그대로의 현장을 볼 수 있는 적절한 타이밍에 우리는 운이 좋았던 게다. 향후 이번 여행을 마치고 인터넷에서 역사 발굴에 관련된 글들을 확인해 보니, 중국에서의 소홀한 유적관리에 대해 비판하는 글들이 적지 않다. 우리가 더 관심을 가져야 한다. 고구려, 발해는 특히나 우리 대한민국의 역사이지 않은가? 우리 세금을 할당해서라도 중국에 있는 우리의 역사 발굴을 우리 손으로 해야 한다. 적어도 합동 작업단은 만들어 보내야 한다.

발해의 정효공주 묘는 심금을 울리기 충분했다. 이곳에서 두 눈으로 직접 확인해 보는 느낌은 신성함 그 자체이다. 여기 오길 잘했다. 돌아오는 길옆 옥수수밭에서 최근에 발견된, 발해 왕족 묫자리로 추정되는 또 다른 발굴 현장을 지나간다. 이 묫자리는 토굴 형식인 정효공주 묘와 다른 형식이다. 찐빵처럼 생겼는데, 겉이 돌로 단단히 덮여 있다. 이 안에는 누가 쉬고 있을까? 수백 년 전 어떤 역사를 설명하고 싶어할까? 또 한 번 한국인의 피가 내 온몸을 휩싸고 불타오른다. 교과서에서 사진으로나마 봄 직한 그 현장에서 우리는 같이 숨을 쉬고 있다. 동행한 국립 무용수들이 나보다 더 현장을 떠나기 아쉬워한다. 한국 문화와 관련된 업을 가져서 그런 건가? 나도 속으로 많이 울컥했는데 이분들은 오죽했을까? 주위 풍경을 눈으로 마음껏 찍고 아쉬운 마음을 한참 동안 달랜다.

한국으로 귀속되면 저는 이사 갈래요

연길에서 더 머물다가 토문 지역을 가게 되었다. '두만강'이란 이름이 이 지역 이름에서 유래되지 않았을까 추정을 해본다. 갓 대학에 합격해서 시간적 여유가 있다는 숙소 주인 조카가 일일 안내원을 해준단다. 뜻밖에 현지 안내원을 만나게 되어 일일 여행은 전투적이지 않아도 되고, 심적으로라도 여유로웠다. 그리고 덜 심심하게 되었다. 길 잃고 헤맬 일도 없다. 숙소 주인은 착한 조선족이다.

이 조카가 한국말을 거의 못하고 한국어를 배울 생각을 안 해서 고민이 깊단다. 오늘 나와 함께하는 일일 여행을 통해서 한국어 학습의 동기를 부여받았으면 하는 바람이란다. 이런 연유로 집에서 온종일 TV만 보는 조카를 불러낸다. 이 조카가 바로 한국어를 시작할 수 있도록, 나의 조각 같은 외모와 찬란한 미소가 충분한 동기를 유발할 것이다. 미친 소리 했다. 하하. 감기가 심하다. 헛소리한다.

기차역에 내려 알려준 전화번호로 전화를 거는데, 조카가 무어라 하는지 도저히 이해할 수가 없다. 어이쿠, 한국말인지 중국말인지 구분이 안 선다. 귀 뚫을 목적으로 전에 주문한 드릴이 집에 도착했나 모르겠다.

"火车站门口, 火车站门口(기차역 입구, 기차역 입구요)."

이렇게 반복해서 말해주었더니, 알았다고 하면서 찾아오겠다고 한다. 잠시 뒤에 등장한 젊은 여학생. 이 친구였구나. 안녕? 멋쩍은 인사를 한 뒤 기차역 앞에서 소형 택시를 탄다. 비가 내린다. 비 오는 두만 강을 보게 된다. "두만강 푸른 물에~ 노 젓는 뱃사공~!" 택시비를 이 친구가 낸다. 어라? 일일 안내원도 해주어서 미안한데, 택시비까지 내 준다. 그럴 순 없지. 호주머니에 지폐 한 장 꾸겨 넣는데, 끝내 거절한 다. 힘센 친구다. 운동 좀 했나 보다. 학생이 뭔 돈이 있다고, 그런데 결 국 못 줬다. 못 준 내가 창피하다. 손가락을 가리키는 저기 흙탕물을 건너면 북한땅이란다. 정말 코앞이다. 농촌 마을이 보이고, 마을 굴뚝 에서는 하얀 연기가 피어나온다. 정말 멀지 않은 곳에 북한 친구가 농 사짓고 있다. 남북한 휴전선에서는 선전용으로 아파트 지어놓고 잘 사 는 것처럼 꾸며 놓았다고 하는데, 이곳 두만강 건너편에는, 있는 그대 로의 북한 모습이 보여 대조적이다. 전형적인 농촌 마을이다.

오래되지 않은 과거에 토문강 근처는 모두 하나의 민족 국가이지 않 았던가? 공통으로 한국어를 썼고, 한국인들이 살았고, 한국인의 땅이 었다. 지금은? 내 옆에는 중국 국적의 조선족 학생이 길을 안내해주고 있고, 같은 민족인 나는 한국인 신분이며, 우리 둘은 어색한 중국어로 대화하고 있다. 그리고 우리의 눈앞에는 손 내밀면 바로 닿을 만한 거 리에 북한 땅이 보인다. 3개국 3개 문화가 섞여 있다. 복잡하다? 조선 족 학생에게 말한다.

"你知道吗?以前这边属于韩国的领土(혹시 아세요? 이곳이 예전에 한국 땅이었다는 걸요)?"

"怎么可能, 我没听说过呀(어찌 가능하겠어요. 들어본 적이 없는데요)?"

"要是这个地方将来变成了韩国领土, 你要不要当韩国人(미래에 여기가 한국 영토로 바뀐다면 한국 사람 할래요)?"

"要是这样的话我就搬家(만약 그렇게 된다면 저는 이사 갈래요)."

우리는 무언가 해야 한다. 서둘러야 한다.

동북 3성은 어찌하여

연길을 떠나 장춘시로 이동했다. 장춘에는 위만주 고궁이 있다. 이곳에서도 뜻밖의 역사 현장을 보게 된다. 그 이야기를 여기에 소개한다. 우연히 만난 통역 봉사단 친구들과 함께 아침을 먹자마자 위만주 고궁으로 향한다. 영화 《마지막 황제》의 실제 역사적 배경이 되는 장소이다. 청의 마지막 황제 푸이는 일본의 허수아비 황제가 되어 조종당하는 불행한 운명을 겪었다고 한다. 《마지막 황제》를 몇 번 봤던 기억이난다. 그 푸이가 영화를 누리고 살았던 고궁을 돌아본다. 이럴 때면 우리와 같은 저렴한 관광객은 가이드 살 돈이 없어 다른 단체 관광객에 묻어 한 무리인 양 따라 다니며 무료 안내를 받는 것도 한 아이디어다. 우린 짠돌이다. 건물 몇 개를 둘러보다가 별 표지판 없이, 탁자 위에 책 같은 게 펼쳐져 있는 어느 한 방으로 들어간다. 조선족 안내원이 설명해준다. 일본을 등에 업은 위만주국이 다른 이권을 받고, 대한민국의 동북 3성을 중국 쪽에 넘기는 협약을 한 장소가 이곳이란다. 어라? 그곳이 이곳이었던 거다. 우리나라 땅을 팔아먹은 곳이 이곳이었던 거다. 순간 감정이 묘해진다. 성질나기 시작한다. 울분이 생긴다. 역사에 '만약'은 없다고 하지만, 만약 이래저래 어찌어찌 해서 이 협약이 체결되지 않았더라면 현재 대한민국의 국토 크기가 어마어마하지 않을까 하는 상상을 해본다. 꽤 넓겠다. 동북 1개 성 하나가 한국 크기만 하지 않나? 이 장소를 거쳐 간 한국 사람 한 명 한 명은 어떤 느낌을 받았을까? 씁쓸한 느낌을 저버릴 수가 없었다. 나라가 강해야 한다. 주권은 국민에게 있고, 자주국방실현은 우리 세대에서 이루어 놓아야 할 프로젝트이다.

　가까운 미래에 이 땅을 되찾을 수 있을까? 동북 3성을 합병하여 대한민국 대국의 꿈을 이룰 수 있을까? 미래판 통일된 고구려, 통일된 발해를 꿈꾸어 본다.

꽃밭 강의, 북사대 첫 학기

　꽃밭에서 한 학기 동안 공부를 한다. 2학년 1학기이다. 나를 포함한 5명을 제외하고는 16명이 모두 여학생이다. 남중, 남고, 군대, 그리고 공대, 전형적인 남자들만의 세상에 살다가 중국 유학을 온 뒤로는 그동안의 비운(?)을 액땜이라도 하듯이 주위에 여자가 넘쳐 난다. 이래서 세상은 공평한 것이다. 게다가 미인 천국이다. 꽃밭이라는 혜택을 받은 학습 환경으로 학습 능률이 배가된다. 이보다 더 좋을 순 없다. 인정 인정! 아무래도 어학 쪽이다 보니, 성비가 한쪽으로 치우친다. 하루하루가 행복하다~!

　못 알아들어도 맨 앞자리는 내 차지다. 앞자리 앉은 학생이 우수학생인 줄 아는 오해 때문에 얼떨결에 가을 학기 201-09반(2학년 1학기 9반)의 반장이 되었다. 초등학생 때 반장 이후로 다시 반장이 된 거니, 한참 동안 정계(?)를 은퇴했다가 은퇴 번복하고 정계로 복귀한 셈이다. 교수님은 반장을 종종 찾는다. 특히나 툭 던진 질문에 학생들이 침묵을 지키고 있을 때 반장을 꼭 찾는다. 엄엄. 나 또한 대답 못 해 창피할 때가 허다하여, 더 열심히 공부하련다. 이 수많은 미인들 앞에서 답변을 못 하니, 더 창피하다. 땀이 줄줄 흐른다. 하하. 어린 시절 학교로 돌아간 느낌이다. 게다가 우리 반에는 착한 학생들만 있나 보다. 나랑도 잘 놀아 준다. 어눌하고 사교성 모자란, 그들에 비해 나이 먹은 나를 같이 끼워줘서 고맙다.

그리고 우리 반 담임 선생님은 '능력자'다. 중국 내는 물론이고 국외에서도 중국어 교육에 대한 경험이 많고 무한한 지식을 갖고 계시다. 가르치는 우리 수업 교재의 저자이기도 하다. 저자 직강을 듣는 수업 시간은 1분 1초가 아깝다. 꽃밭이라는 최적의 학습 환경과 베테랑 지도 교수 덕분에 가을학기는 마냥 즐겁다.

우리 반 학생 구성은 중문과 아니면 중국학과 학생들로 되어 있다. 공학도는 외로이 나 혼자이다. 다른 반에는 중국어 비전공 학생 수가 더러 있다. 비아시아인 학생 수, 비전공 학생들의 비율을 보면, 전 세계적으로 중국어에 대한 관심이 높아지고 있다는 것을 알 수가 있다. 우선은 해당 국가의 언어 전공 학생들이 선구적으로 그 언어를 개척할 거고, 순차적으로 유사 전공 학생들이 그 열풍에 합류하다가 나중에는 개나 소나 다 달려드는 순서이리라. 나도 개나 소 무리 중 하나이다.

한 가지 일이 풀리면 만사가 다 잘 풀리나 보다. 동거인이 베트남 친구이다. 난생처음으로 외국인 동거인, 룸메이트가 생겼다. 베트남? 베트남 하면 우선 떠오르는 게 베트남 전쟁일 테고, 그리고 나의 운동화가 베트남에서 만들어졌다는 것…. 그 외에는? 아는 게 없다. 이 친구는 꽤 많이 절약하고 산다. 그리고 항상 같은 베트남 친구들과 잘 뭉쳐 다닌다. 서로 자주 돕기도 한다. 도와줄 때는 마음에서 우러나 행동하는 게 보인다. 무슨 일이 있으면 한 번쯤 No라고 할 만도 한데 이 친구는 No를 하지 않는다. 그리고 잘 웃는다. 무표정한 것을 못 봤다. 이 친구, 설마 하늘에서 내려온 천사 아냐? 악마인 나와 너무 대조된다.

농구 3인방

오후 3시쯤 전후로 해서 청소부원들이 방마다 돌아다니면서 청소를 한다. 청소에 방해되지 않도록 보통 방을 비워주고, 5층 소파에서 조용히 앉아 책을 읽곤 한다. 홀로 책을 보고 있는데, 1명의 미국인, 1명의 한국인 친구가 나타난다. 이 친구들 역시 방을 비우고 내 옆에 쪼그려 앉는다.

"You can take a seat here. These seats are all empty(여기 앉아도 됩니다. 여기 자리는 다 비어있어요)."

"Thanks, our room is being cleaned(고맙습니다. 우리 방 청소 중이에요)."

이름을 말하며 나의 손을 내민다. 나의 영업(?) 습관이 따라 다닌다. 알렉스(Alex)와 정현과의 인연이 시작된다. 정현의 아버지는 서울에서 중소기업을 경영하신다고 한다. 자기는 일하기 싫어서, 공부하기 싫어서 도피하다시피 중국으로 넘어왔다고 한다. 은수저 정도는 되어 보인다. 알렉스는 미국 피츠버그 카네기멜런대학에서 석사 과정을 밟고 있는 친구이다. 등록금을 다 장학금으로 받을 정도로 똑똑한 친구이다. 확실히 일반인과 다른 '신계'의 친구이다. 그리고 중국에 오게 된 이유는 학교에서 전액 지원해주는 프로젝트에 참여하기 위함이란다. 1년을 예상하고 왔다지만, 이 친구는 한 학기만 체류하다 겨울에 미국으로 돌아간다.

우리를 뭉치게 하는 끈은 '운동'이다. 우리 셋이 농구 3인방 팀을 결성한다. 정현이는 180㎝ 후반대, 알렉스는 2m 근처이다. 정현 센터 겸 포워드, 알렉스 센터, 그리고 꼬맹이인 나는 가드 포지션이다. 내가 아무렇게나 슛을 던져도 알아서들 잘 잡고 잘 넣는다. 두 친구가 워낙 농구를 잘해서 덩달아 나도 빛을 보게 된다. 장신에 기반한 두 장신의 리바운드 능력의 슈퍼파워에 힘입어 우리 팀은 어딜 가나 승승장구한다.

서로 끈끈한 정을 맺기에 운동만 한 게 있을까? 한국서 운동 짱이었던 나는 이 친구들과 어울리며 운동의 진정한 재미에 푹 빠지기 시작한다. 3인방은 때론 다른 중국 친구들과 탁구 하러 가기도 하고, '우리만의 배드민턴'을 치기도 한다. '우리만의 배드민턴'은 테니스장만 한 넓은 공간에서 셔틀콕을 저 멀리 치고 받는 장거리 파워 배드민턴을 말한다. 그냥 단순히 '힘쓰기' 셔틀콕 쳐대기이다. 셔틀콕 2, 3개는 박살난다. 짬 날 때마다 광적으로 하는 다른 운동은 '달리기'이다. 우리가 매일 살고 있는 기숙사 앞은 시멘트 바닥으로 잘 포장되어 있다. 한쪽 끝에서 다른 쪽 끝까지의 거리가 한 30m는 되는 것 같다. 우리 셋은 경쟁심이 은근히 심하다. 서로 지기 싫어한다. 달리기의 순위는 보통 알렉스, 나, 정현 순이다. 아무리 전속력으로 달려도 알렉스의 긴 다리를 따라잡진 못한다. 알렉스의 다리는 황새 다리, 그리고 타고난 나의 다리는 뱁새 다리이다. 부모님을 원망해도 소용없다.

알렉스가 가르쳐준 다른 운동은 프리스비이다. 손목의 스냅이 특히나 중요하다. 플라스틱 원형판을 일정 거리를 두고 서로 주고받는다. 나의 프리스비 실력은 엉망이다. 가까운 거리에서 주고받을 때는 그래도 폼 나게 날아가는데 원거리에서는 프리스비가 자기 맘대로 방향 각도도 없이 날아간다. 수련이 더 필요하다. 그리고 운동장 같은 넓은 공간에서 프리스비를 하다 보면 중국인 친구들이 관심을 가지고 우리에게 말을 걸어온다. 같이 껴도 되냐고 묻기도 한다. 물론 환영이다. 농구와 프리스비를 통해서 새로 사귄 친구들이 상당하다. 운동, 스포츠는 역시나 만국 공통 언어이다.

《밀리언 위앤 베이비》

이 영화는 알렉스, 정현, 그리고 내가 찍고 싶어하는 캠 영화 제목이다. 등장하는 인물은 스포츠 3인방과 복싱장 단장, 복싱 코치, 중국 친구 몇 명, 그리고 정크 푸드(Junk food, 패스트푸드나 인스턴트 식품)다. 영화 첫 장면에서 등장인물들은 정크 푸드를 열심히 퍼먹는다. 그러다 한 조각만이 남았다. 침묵이 흐른다. 서로 먹기 위해 싸운다. 엉키는 걸 마다 않고 서로 밀치고 당기다가 한 놈이 잽싸게 낚아채 입으로 쑤셔 넣는다. 먹지 못한 둘은 원한을 품고 복수심을 키워나간다. 그러면서 땀 냄새 풀풀 풍기는 복싱장을 찾아간다. 자기들을 받아 달라고 애원하지만, 복싱장 코치는 둘을 거절한다. 자기보다 더 잘생겼다는 이유이다. 원래 타고난 게 이런데 어떡하냐고 하소연하지만, 코치는 성형이라도 해서 자기보다 더 못생겨야만 단원이 될 수 있다고 한다. 이 코치에게 소개팅 세 건 해준다고 서약하고 나서야 둘은 입단 계약을 맺는다. 생지옥 맛을 볼 정도로 지독하게 훈련을 받은 지 어느덧 1년, 둘은 드디어 하산한다. 원수를 찾아 떠난다.

엉뚱깽뚱, 말도 안 되는 스토리다. 이 두 친구 방에는 항상 초콜릿, 과자, 불량 식품 정크 푸드가 널려 있다. 밥이나 잘 먹을 것이지, 칙칙한 총각 둘이서 초콜릿만 빨고, 과자를 뽀개고 있다. 학교 앞 33번 버스를 타고 복싱장을 오가는 길에 스토리를 수정하고 보완을 해나간다. 중국 돈이 '위앤(Yuan)'이니 《밀리언 위앤 베이비》라 이름 지었다.

저녁에 한국 여자친구로부터 국제 전화가 왔다. 헤어지잰다. 애정이 식어서 만날 이유가 없단다. 몇 년간 없는 살림에 줄 건 다 주고, 안 퍼준 게 없고, 무한 애정 보여주며 못 해준 게 없는데, 뭔 번갯불에 씨나락, 콩 구워 먹는 소리다냐? 반년만 참으면 한국 돌아가 다시 잘 만나 잘 사귀고 잘 살아나가면 되는 거 아닌가? 게다가 하는 말이, 어머님이 반대한단다. 어머님 기준으로는 남자친구가 잘살아야 한단다. 집이 강남에는 있어야 한단다. 어머님도 가난한 집에 시집가서, 차 사고 집 사고 살림 늘려 가며 애들 키우느라 고생한 과거가 있어 가난하거나 평범한 사위는 싫단다. 여자친구의 친구들은 외제 차 타고 다니는 남자, 빌딩 한두 개쯤 갖고 있는 남자들하고 소개팅하고 사귀고 그런단다. 열 받는다. 한때 흙수저였던 그대가, 이제는 동수저, 은수저 되었다고 흙수저를 무시한다. 성질난다. 나도 돈 확 벌어서 당당히 한번 찾아가 볼까나? 뭔가 잘못되었다.

이래서 격렬한 운동을 계속 찾게 된다. 정현이가 예전에 1년 정도 복싱을 배웠다고 한다. 인터넷 검색해서 기숙사 근처에 있는 무도장을 찾았다. 오후 방과 후 다른 한국 친구 한 명을 더해 총 네 명이서 복싱장을 찾아간다. 모든 건 홍정이다. 복싱비도 깎아 보자. 복싱비가 너무 비싸다고 복싱장 단장과 가격 홍정을 시작한다. 조금 깎아 주는 대신 우리는 예외적으로 아무 때나 복싱장을 이용해도 된다는 허락을 받아낸다. 중국에서는 항상 홍정해야 한다. 옷에 가격표가 붙어있다고 그 값 그대로 사지 말고 홍정을 시도해보자. 심지어 백화점에서도 홍정을 해보자! 홍정은 중국인들의 일상생활이다. 복싱 장갑을 사러 대형 백화점에 들렀다.

"小姐，这双拳击手套太贵了，便宜点儿(아가씨 이 복싱 장갑 너무 비싸요. 깎아 주세요)."

"好。我们有军人卡，能给您打九折。要不要(좋아요. 우리가 군인카드가 있으니 10% 정도 할인해드리죠. 원하세요)?"

어찌 되었든 그 큰 백화점에서도 물건값 깎았다. 마우스피스도 구입

완료! 복싱을 배우기 위한 준비가 끝났다. 대륙에서 아마추어 복서로 데뷔하게 된다. 수업은 일주일에 두 번 있다. 복싱 코치는 50대인데 한 30대처럼 젊어 보인다. 탄력 있는 피부와 건전한 몸매를 가지고 있다. 훈련 시간에는 우리 4인방에게 일부러 중국말로 천천히 설명해준다. 복싱 전문용어는 어렵다. 복싱 코치는 외국인 학생이 갑자기 늘어나서 기분이 좋다며 오버를 하면서 흥을 낸다. 다리 스텝, 잽, 원 투 스트레이트를 반복 연습하면서 훈련을 시작한다. 정현이는 이미 배웠던 놈이라 몸동작이 자연스럽다. 알렉스와 나는 맨땅에 헤딩하면서 시작한다. 알렉스, 너라도 같이 어설퍼 주어서 고맙다. 복싱하는 게 신기하고 재미가 붙어 간다.

복싱 수업이 없는 날도 우린 서너 명이 어울려 복싱장을 찾아간다. 복싱 수업 시간에 배운 그대로 준비 운동을 하고 우리끼리 연습을 한다. 각종 자세와 발동작을 연습한다. 정현이가 우리에게 도움을 많이 준다. 자세를 교정해주고, 몸 움직임을 하나하나 봐준다.

개인 연습까지 끝나면, 우리는 스파링에 들어간다. 웬 스파링? 벌써? 정현이의 말에 따르면 일단 기본 스텝과 원투 스트레이트만 배워도 얼마든지 스파링할 수 있단다. 다른 기술들은 계속 배워나가는 거고, 평소에 스파링을 통해서 '싸움'에 익숙해지는 게 좋단다. 기초도 모르는 우리는 당연히 개싸움을 주로 한다. 2m 키의 알렉스와 180㎝ 넘는 정현이가 나의 스파링 상대이다. 체급도 안 맞다. 내가 50kg 살짝 넘지 않나? 뭐, 규정이고 뭐고 닥치는 대로 쳐댄다. 선천적으로 타고난 짧은 팔다리를 어찌하리오. 무지 얻어맞는다. 알렉스는 긴 팔과 긴 다리로 잘 치고 잘 빠진다. 나의 주먹은 알렉스 얼굴 구경도 못 한다. 악착같이 흉부를 파고들지만, 이놈은 다리도 길어 뒤로 한발 물러서면 난 두

세 스텝 앞으로 뛰쳐 들어가야만 한다. 알렉스가 마음이 착해서 그렇지, 정식으로 붙었으면 나는 앰뷸런스에 실려갔을지도 모른다. 반면에 정현이는 확실한 자세로 방어와 공격에 나선다. 역시 짬밥은 무시할 수 없다. 나의 머리는 띵해진다. 하도 두들겨 맞다 보니 몽롱해질 때도 있다. 그동안 못 맞은 거 다 몰아서 맞는 기분이다. 퍽~! 퍽~! 머리, 가슴⋯. 그리고 오, 나의 내장 기관들이여~!

한 달 지날 때쯤 드디어 나에게 공식 스파링의 기회가 온다. 복싱 수업이 끝날 즈음해서 코치가 몇몇 수련생을 호명한다. 왕초보는 제외다.

"韩国同学, 你来过几次(한국 학생, 몇 번 왔죠)?"

"大概七次吧(대략 7번 정도요)."

"好, 过来(좋아, 나와보세요)."

상대 선수는 키 170㎝ 중후반의 딴딴한 놈이다. 아, 이거 쉽지 않겠는데? 오~! 나의 공식 데뷔전이다. 말초신경, 모세혈관이 팽창하는 초긴장된 순간이다. 코치는 타이머를 손에 쥔다. 나에게 권투 헬멧을 씌운다. 안경을 벗었다. 정말 '뵈는 게 없다.' 권투 헬멧을 씌우는 한 중국 친구가 "이거 쓰면 덜 아파."라고 말한다. 엄, 도움되라고 한 긍정적 말이겠지? 선수 둘은 중앙으로 위치한다. 코치가 "Box!" 하고 외친다. 경기 시작~! 정현이가 예전에 스파링을 하면서 조언했던 기억이 난다. "스트레이트를 잘 써먹을 수 있을 최적의 시각은 바로 경기 시작할 때야. 종이 울리자마자 바로 앞으로 뛰쳐나가면서 원투 스트레이트를 쓰면 꽤 해볼 만해."

이대로 한번 해보자. 시작 호령과 함께 앞으로 미끄러지듯이 튀어나가며 '원투 스트레이트'를 날린다. 갑작스러운 선공을 하니 상대방이 얼떨결에 얻어맞고 뒷걸음친다. 기 싸움이다. 이 친구, 나의 원투 스트레이트를 제대로 맞았다. 큭큭.

스트레이트, 훅, 어퍼컷 등 다양한 동작을 섞어가면서 공격을 해야 하는데, 이제 고작 7번 복싱장에 나온 내가 뭘 알리오? 그냥 잽과 스트레이트를 템포 바꿔가며 날릴 뿐이다. 상대방 머리만 보고 달려든다. 상대방 선수가 구석에 몰리자, 코치는 "Stop!" 하고 외친다. 두 선수 중앙으로 선수 정비. "Box!" 하고 다시 외친다. 스트레이트를 한 번 더 써 본다. 스트레이트를 날리는데, 아차! 그 순간 열린 나의 왼쪽 가슴을 향해 상대방의 오른손 바디 펀치가 들어 온다.

방어하기에는 나의 왼팔이 너무 나가 버렸다. 퍽! 상대방 바디 펀치를 제대로 맞았다. 헉, 숨이 멈춘다. 우선 뒤로 물러서서 호흡을 가다 듬는다. 연이어 상대방의 스트레이트가 내 머리를 향해 날아온다. 이런! 상대방의 오른쪽 주먹이 나의 왼쪽 머리를 정통으로 때렸다. 알차게 맞으니 그 충격이 권투 헬멧을 뚫고 들어온다. 일단 후퇴다. 가슴과 머리를 연달아 맞으니 숨도 잘 안 쉬어진다. 오기가 생긴다. 전진 스텝과 함께, 상대방에 다시 잽, 원 투 스트레이트를 날린다. 내가 제대로 얻어맞고 나서 뒤로 물러날 줄로 알았는데, 도리어 앞으로 주먹을 휘두르며 다가오니 상대 선수가 놀란다. 잽과 동시에 들어간 10여 초간 숨도 쉬지 않고 잽, 원투 스트레이트, 훅들을 논스톱으로 쏘아 댄다. 상대방이 뒤로 자빠진다. 코치는 "Stop!"을 외치면서 양팔을 크로스 하며 흔들어댄다. 경기 종료. 나의 승리다! 이겼다! 1전 1승~! 동료들이 체육관 떠날 정도로 환호성, 박수를 쳐준다. 기쁘다. 금메달을 딴 기분이고 오늘 《록키(Rocky)》의 주인공이 '나'다.

스파링 끝나고 집에 돌아오는 길에 머리가 계속 멍하고, 상대방의 바디 펀치를 맞은 왼쪽 가슴에서 숨을 쉴 때마다 허파를 찌르는 느낌이

든다. 《밀리언 위앤 베이비》는 아무나 하는 게 아니다. 그 주에 복싱 수업은 깡그리 모두 건너뛰었다.

"사탕 주세요~!" 할로윈데이 in China

알렉스는 미국인이다. 할로윈데이는 미국에서 큰 기념일(?)인가 보다. 낮에 알렉스와 정현이가 교내 매점에서 호박 3덩이를 구입해 놓았다. 살다가 살다가 호박을 깎게 생겼다. 기숙사 1층 사는 한국 친구들이 식칼을 빌려주었다. 우리 셋이 각각 1개씩 담당하고 호박을 파기 시작한다. 시술 들어간다. 개성대로 디자인하고 파고 들어간다. 다른 방 친구들도 불러다 같이 판다. 저 멀리 있는 어언대 친구들도 치어리더 격으로 불러들였다.

나의 호박은 전자공학도 호박이다. 1) 호박 크기를 잰다. 2) 호박의 겉모양을 분석한다. 3) 디자인한다. 4) 주위 놈들의 의견을 수렴한다. 5) 무식한 큰 칼보다는 작은 칼로 세심히 파고 들어간다. 좌우 대칭성과 전체적인 균형이 디자인의 중심이다. 치아 몇 개는 살려둔다. 칼을 들고 하는 작업이라 좀 위험하긴 하다. 중간에 힘 조절을 못 해서 아차 하는 순간도 있었다. 산재보험은 처리 안 된다. 조심하자. 나의 호박은 21세기 입체파 작품이 나왔다.

알렉스의 호박은 얼굴이 비뚤어진 형태의 부조화 작품이 나왔고, 정현이의 호박은 눈을 살짝 파고 침을 흘리는 형태의 형이상학적인 작품이 나왔다.

호박 안에 초를 넣는다. 길거리 행진을 나선다. 처음으로 겪어보는 할로윈데이. 할 건 다 한다. 호박을 들고 기숙사 정문을 나선다. 호박을 머리에 이거나 손 모아들고 행진을 한다. 지나가는 학생들에게

"Trick or treat?"라고 묻는 게 아니라 중국판 "请给我们糖果(사탕 주세요)."라고 말한다. Trick or treat 문장이 중국식 표현이 따로 있으려나? 지나가는 학생들이 깔깔 웃는다. 우리의 작품이 예쁘다고 칭찬도 해준다. 참고로 이날 우리가 얻은 사탕 수는 0개이다.

사이비 농부, 중국 농촌을 향해

설화 친구가 9월 말 국경일에 자기 고향 집을 방문한단다. 설화는 북경 어언 대학교에서 만난 대학원생이다. 9월 초에 맥주 마시다 나온 이야기인가 했는데, 이 친구 고향 집에 곧 갈 거라기에 나도 끼면 안 되냐고 했다. 당시에는 혼쾌히 OK를 했는데, 국경일 연휴 2, 3일을 남겨놓고 안 된다 한다. 한참 수확의 계절이고 농촌 일이 너무 바쁜 때라 손님 대접의 시간이 없다 한다. 자기 고향 집에는 지금 일가친척 모두 동원하여 옥수수를 수확하고 있어 도저히 손님을 맞이할 여력이 안 된다고 하니 어째야 하나? 중국 농촌을 방문하고 싶었는데 아쉽다. 중국 농촌을 제대로 체험할 수 있는 절호의 기회였는데…

오지 말라 하니 더 가고 싶다. 금지된 사랑은 더 활활 타오르지 않던가? 통계상 중국 인구의 60%~70%가 농촌 인구라 한다. 이 좋은 기회의 농촌 현장 체험을 더더욱 하고파진다. 설화를 반협박한다. 그럴 수가 있냐고, 주위 친구들이 여행 가자는 거 다 사양하고 설화의 고향 집 방문을 기다려왔는데 이제야 이러면 나 어떡하냐며 울상 얼굴을 보여준다. 계속 징징거린다. 설화가 고향 집에 다시 전화를 한단다. 잠시 뒤에 들려온 소식. 방문을 허락하지만, 너무 바쁜 나날들이다 보니 고향에 계신 할아버지와 함께 있으라 한다. 할아버지가 지긋한 연세라 농사를 못 지으니, 같이 곁에 있으면 손님 대접받을 수 있을 거란다. 오키도키. 일단 갈 수 있다고 하니 안심이다. 같이 수확하고 같이 비료 뿌리고 같이 흙먼지를 마셔보고 싶다. 특히 농부의 피가 흐르는 나는 꼭 그러고 싶다.

설화의 고향 집은 북경에서 남서쪽으로 3시간 기차 타고 갔다가, 두 번 버스를 갈아타야만 도착할 수 있다. 북경에서 점심때 기차로 출발

했고, 도착할 때쯤에는 이미 태양은 없었다. 마지막 버스에서 내려 고향 집으로 향하는 비포장도로에서 친척들을 만난다. 내가 이 동네 최초의 외국인이란다. 외국 사람인데 자기네들과 똑같이 생겨서 신기해한다. 난 진정 중국인 외모인 건가? 설화의 남동생은 나한테 영어로 말을 걸어 온다. 학교에서 배운 영어 연습하고 싶단다. 국제적으로 성장할 아이다.

저녁 식사를 설화네 친척 집에서 한다. 밀가루 종류의 음식이 다수이다. 맛은 그럭저럭 괜찮다. 한 그릇을 다 비운다. 먹을 게 있으면 일단 먹고 본다. 소문은 순식간에 온 동네에 다 퍼졌다. 나는 좀처럼 보기 힘든 동네 구경거리가 되었다. 일가친척, 온 동네 사람들이 설화네 집에 놀러 온다. 눈들을 크게 뜨고 "한국 사람, 한국 사람." 말하며 나를 바라본다. 동물원 원숭이가 이런 느낌을 받겠구나. 동병상련이다.

언제부터인지 중국 대륙에 부는 한류 열풍이 대단하다. 그사이 만난 중국 친구들 중에는 나보다 한국 영화를 더 많이 본 친구가 상당수였고, 듣도 보도 못한 한국 드라마를 다 알고 있었으며, 한국 연예인 정보는 백과사전 급이다. 거리를 걷다 보면 한글이 새겨진 옷을 걸치고 다니는 젊은 세대가 다반사이고, 노래방에 가면 한국 노래 번안곡이 여기저기서 들린다. 우리는 참 운이 좋을 때 중국에서 유학하고 있다.

중국 역사에 대해 까막눈이었는데, 유학 온 이래로 한국과 중국 역사에 대해 더 관심을 가지고 인터넷을 뒤진다. 곰곰이 생각해 본다. 유사 이래 한국이 중국 내에서 이렇게 붐을 일으키고 환영을 받았던 적이 있었던가? 중국 기준으로 우리는 항상 동쪽 변방의 민족, 변방의 국가였다. 역사적으로 이 친구들에게는 만만한 소국이었고, 조공을 바치라 두들긴 적도 너무 많고, 이래저래 괴롭힌 적도 많다. 전쟁 내서 한반

도에 쳐들어가 초토화한 적이 한두 번인가? 그런데 지금 이 시대에는 한국이 중국인의 동경 대상이 되었고, 한국의 문화에 이렇게 열광하고 있다. 수천 년 만에 드디어 우리는 역공을 하고 있는 게다. 어쩌면 음악, 영화, 드라마, 문화 영역에서는 한국이 중국을 식민지화하고 있다고 해도 과언이 아니다. 다윗이 골리앗을 두들겨 패고 있다. 이 한류 이슈는 언론에도 자주 등장한다. 일주일에도 몇 번이고 한국 문화와 중국 문화와 관련된 토론 프로그램이 나온다. 한국 문화에 대해 긍정적으로 평가하는 패널들을 볼 때면 기분이 좋아지고, 한국 문화를 동방 소국의 문화로 경시하는 패널들을 볼 때면 화가 난다. 질투 아닌가? 한국 문화에 대해 서로 말싸움하며 치고박고 싸우는 모습을 보면, 좋든 안 좋든 그들의 정신에 대대적으로 영향을 주고 있는 문화가 한국 문화라는 사실에 자부심을 느낀다. 이 한류가 한참 오랫동안 지속이 되었으면 하는 바람이다.

이야기가 다른 곳으로 함흥차사했다. 다음 날부터 농사를 돕는다. 아침 7시 전후로 일어나서 주로 옥수수밭으로 향한다. 옥수수를 줍고 까고, 비료를 뿌리고 땅을 갈군다. 갈군다… 음… 갈구는구나. 노동력이 필요하다. 몸이 마음처럼 따라주진 않는다. 내가 촌놈인 줄 알았는데, '농촌놈'은 아니었나 보다. 허당이다. 강렬한 태양 빛은 땀 세례를 주고 머리를 어질게 하고, 또한 바람이 불면 눈물이 난다. 눈물을 닦아대지만, 잔바람에도 계속 눈물이 난다. 오전은 그럭저럭 버텼다. 꿀맛인 점심 식사를 마치고, 청 모자를 눌러쓰고, 선글라스 멋지게 착용하고, 오후 작업을 개시한다. 행세를 보면 참 꼴불견이다. 패셔니스타 농부이다. 설화 아버님께서 주신 작업복은 와이셔츠다. 손님이라 특별 임대해 주신 게다. 그리고 청모자 + 선글라스. 멋쟁이 농부일세~!

화장실이 급하다. 한국 음식이 아닌, 기름기 진 중국 음식으로 배를 채워대니 속이 조용할 일이 없다. 설화한테 화장실 어디냐고 묻고 달려 간다. 수세식은 기대하지 않는다. 급하게 바지 내리고 일을 보는데, 아래에서 소리가 들린다. 돼지이다. 돼지 한 마리가 나를 쳐다본다. 배는 아픈데, 밑에서 돼지가 나를 빤히 바라보고 있으니 나올 똥도 안 나온다. 억지로 쏟아 대니 돼지는 기쁜가 보다. 이 친구한테는 축제다. 기뻐 날뛴다. 어제까지 먹은 김치가 있어, 한식 때문에, 이 돼지가 설사 안 걸렸기를 바란다.

몸이 괜찮다고 생각했는데, 얼마 전 복싱 스파링 때 얻어맞은 왼쪽 흉부에 통증이 돌아왔다. 무리가 없을 정도로 회복되었다고 생각했는데, 매일 아침 7시부터 밤 8시, 9시까지 농사일을 하다 보니 몸에 무리가 가나 보다. 흉부 통증이 갈수록 심해진다. 원래 국경일 7일 모두 이곳에서 지내고자 계획하고 왔건만, 처음 2일 동안은 취침 시 몸을 누울 때 오는 약간의 통증이었으나, 3일째가 되자 낮 활동 시간에도 살짝살짝 통증이 온다. 4일째는 호흡할 때마다 폐가 찢어지는 통증이 온다. 나의 흉부는 정상으로 돌아올 생각을 하지 않는다. 점점 더 심해진다.

참 운도 없다. 하필 이때에…. 스스로 나서서 건강을 해칠 이유는 없다. 불가피하게 중국 농촌 프로젝트 일정을 단축하게 된다. 아쉬운 마음을 접고 북경으로 향하게 된다. 다음에 또 기회가 있겠지. 긍정의 마음을 가져 본다. 짧은 기간이었지만, 버겁도록 잘 대접해준 설화 가족과 그 친척들께 감사드린다. 자신의 집이 가난함에 불구하고, 용기를 내어 부끄러움 없이 나를 받아준 설화 친구에게 고맙다. 고마워. 다음에 꼭 신세 갚을게!

HSK 중급 도전기

시험은 하나의 고통이다. 시험은 우리의 원수이다. 안 볼 수 있으면 안 보는 게 시험이다. 중문학과 친구들이 많다 보니 HSK 중국어 시험에 관해 이야기할 날들이 많다. 하나둘 등록하더니 우리 반 학우들은 거의 다 등록했다. 내 귀는 팔랑귀이다. 친구 따라 강남 가야겠다. 뭐, 언어 연수 하러 왔으니 시험 보는 것도 괜찮겠지 한다.

이왕 시험 볼 거니 시험 결과를 통해서 자신의 부족한 부분을 분석해보자. 학교 사무실에서 HSK 초중등 시험을 등록한다. 한국에서 2달여, 그리고 북경 유학 생활. 세어 보니 8개월이 조금 넘는다. 대학 시절에 중국어 3학점을 얻긴 했는데, 오랫동안 음주가무를 즐기며 중국어를 하얗게 잊었으니 그 기간은 제외하자. 순수 학습 기간은 음… 4, 5, 7, 9, 10, 11월, 12월 11일. 총 6개월 11일. 이거 도전해도 되나? 돈 낭비하는 거 같은데…. 시험 결과지는 다른 사람한테 안 보여줄 거다.

시험을 '목적'으로 봐야 할지, 아니면 '수단'으로 봐야 할지 고민할 때가 생긴다. 다수 유학생들이 시험 결과를 '목적'으로 보고 시험에 지나치게 치중하는 면이 적지 않다. HSK 시험 날이 다가오면 학생들이 사라진다. 그동안 열심히 수업 듣던 학생들마저도 사라진다. 학생들이 학교에 안 나오고, HSK 전문 교재를 구입해서 집 혹은 도서관에서 공부하거나, 수업 빼먹고 소문난 HSK 전문 강사의 강의를 들으러 학원으로 간다. HSK 시험이 끝나면 정원의 3분의 1 정도는 아예 영원히 보이진 않는다. 그들에게는 중국어를 더 공부해야 할 이유가 없기에 사라지는 거다. 결과주의, 비교 문화가 그 원인이다. 중국 어학연수 마치고, 같은 과 친구들이나 교수들이 물어보는 첫 질문이 HSK 몇 급 취득했냐란다. 어학연수의 목적이 자격증 급수이다. 안타깝다. 이런이런. 회화를 얼마나 유창하게 하고 듣기를 얼마나 잘하냐는 우선 관심 대상이 아니다. 오직 시험 급수가 제일 중요하다. 시험 결과 나오는 날에는 학생들이 급수에 울고 급수에 웃는다. 현실은 현실일 수밖에 없는 건가?

난 6급이 나왔다. HSK 6, 7, 8급이 중급에 해당하므로 나의 학습 수준은 중급 초반에 해당된다. (현재는 HSK 급수 레벨이 단순화됨) 시험 총점은 7급이 넘었으므로 주위 친구들에게는 7급이라고 우기고 다닌다. 이 정도면 만족한다. 이날은 공식적으로 한국어, 영어, 그리고 중국어 3개국 회화자가 되는 날이다. 가문의 영광이다. 우리 집안 족보를 뒤져 봐야겠다. 3개 국어 하는 조상이 있는지 확인해 봐야겠다. 자화자찬. 좋은 출발이다!

금메달 획득

가을학기에 달리고 달린다. 어여쁜 캠퍼스에서 정규수업을 들으며 공부하다 보니 제대로 된 공부를 하는 느낌이 든다. 겨울 방학이 다가오면서 201-09반 꽃밭을 떠나야 한다. 참 아름다운 꽃밭이었기에 더 아쉽다. 북경 겨울은 춥다던데, 지난 여름날부터 축적한 체력으로 잘 버티려나? 1월 초, 이번 학기 수료식이다. 한국에서의 엄숙한 분위기의 졸업식이 아니다. 자유와 방종으로 화기애애한 수료식이다. 교수님들이 직접 사회도 보고 짧은 코멘트로 한 학기의 소감을 이야기해주신다. 축제 분위기이다. 마이크 소리가 들리건 안 들리건, 알아든건 못 알아든건 그냥 신나서 환호성 친다. 그리고 각 반의 优秀学生(우수학생) 명단을 발표한다. 100반 입문 반부터 순서대로 한 명씩 호명한다. 그리고 2학년 차례.

"二零一 零九班, 崔城玉 同学(201-09반 최성옥 학생)."

옆에 있던 친구가 "야호!" 하고 대신 소리 질러준다. 이야, 얼마 만에 받는 상장인가? 당차게 앞 선단까지 걸어나가 반 대표로 상장을 수여받는다. 이 상장도 족보에 새겨야겠다. 조상님들 감사합니다~!

201-09반 최성옥입니다! 연단 중앙에서 교수님이 금메달을 나의 목에 걸어주고 상장을 건네준다. 악수를 청한다. 아싸! 미소가 가질 않는다. 메달이 좋다. 금빛 메달이 좋다. 우리 반에서는 그 수료식에 2명밖에 참가 안 해서 알아주는 이도 별로 없을 터인데, 허공을 향해 소리치고, 손을 흔들어댄다. 상장도 높이 든다. 강당을 채운 학생들이 나에게 박수를 보낸다. 스타 된 기분이다. 군중 심리가 이런 거구나!

북경 사범대학은 중국 전체 10대 명문대학에 속한다. 영광이다, 이 좋은 학교에서 성실한 학생들과 함께 훌륭한 교수님으로부터 지도를 받았다는 게 고맙다. 지난 한 학기 동안 학습도 학습이지만, 육체적으로 정신적으로 충분한 휴식을 취할 수 있어서 괜찮았다. 애당초 나의 중국 유학 계획은 반년이었다. 그리고 바로 연계해서 캐나다 연수를 갈 계획이었다. 한 학기 공부로는 아직 내 수준이 너무. 중국어 흉내만 낼 줄 알지, 제대로 된 중국어 회화를 하진 못한다. 자체 수준 미달이다. 1학기를 더하자. 하다 만 건 안 한 것만 못하다. 다음 학기 북경 어언 대학교로의 전학을 결정했다. 지난 여름날 추억이 서린 북경 어언 대학교로 되돌아간다. 이번엔 기숙사를 벗어나기로 했다. 외주하기로 결정했고, 자금도 이미 지불했다. 새로운 환경이 기다린다. 계속 달리자!

반쯤 달려온 마라톤

남들 부럽다고 하는 직장 때려치우고, 하고 싶은 걸 하고 싶어 떠난다고, 참 좋아하는 롤모델의 강한 인상을 잊을 수 없어서 떠난 장기간의 여행. 이제 중간 지점을 돌아섰다. 수많은 친구들이 나에게 물어본다. 왜 중국어 배우냐고? 나의 대답은 이렇다. "그냥 하고 싶어서." 하고자 하는 의욕에 출발한 이 '하고 싶어서' 공부는 학습 능률을 배가시킨다. 게다가 아침 이슬과 출근하고, 밤 별, 달을 보며 퇴근하며, 뼈 빠지게 열심히 번 돈을 투자해서 공부하게 되면 돈 아까워서라도 덜 졸게 된다. 아니, 잠이 확 달아나기도 한다.

미래의 걱정거리도, 시간이 지나고 보면 하찮은 일이 되고 사소한 일이 된다. 반쯤 지난 나의 중국 연수를 돌아보면 썩 괜찮다. 첫 번째 이유는 이 기간 이렇게 마음껏 운동해본 적이 없었기 때문이다. 그 전에는 왜 그리 고통만 받고 영혼을 팔며 살았는지. 몸 혹사하면서 일만 했고, 운동할 심적 여유가 없었다. 농구, 탁구, 배드민턴, 프리스비, 그리고 복싱, 한국 살면서 상상치 못할 만큼의 시간을 투자해서 운동하다 보니, 올 겨울에는 감기도 들지 않는다. 이 중에 특히나 '복싱'이 좋다. 참 잘 시작했다는 생각이 든다. 격한 운동이 이렇게 쾌감을 줄 줄이야. 그때에는 꽤 우울했다. 오래 사귀었던 여친이랑 헤어졌으니, 맨 정신으로 살아갈 수가 없었다. 몸이 떨어져 있다 보니, 그 애정은 겨울 찬 얼음보다 더 차갑게 식어 버렸다. 그리 멀리 있는 것도 아닌데 말이다. 비행기로 2시간밖에 되지 않은가? 난 '찌질이'다. 이 여자친구 계속 원망할 거다. 물론, 언젠가는 용서하겠지만.

열심히 땀을 뺐다. 숨 몰아치며 뛰고 달리고 또 뛰고, 샌드백을 무척이나 두들겼다. 복싱 광신자가 되었다. 좋았다. 샌드백 퍽퍽 쳐댈 때도,

스파링하며 얻어터질 때도 기분이 좋았다. 맞는 거에 쾌락을 느낀 변태였다. 격한 운동 후의 자신감은 보너스이다. 복싱하면서 달라진 나의 모습을 발견하게 된다. 사람에 덜 민감해진다. 작은 일은 작은 일로 보이기 시작한다. 덜 복잡하게 생각한다. 흘려보낼 줄 알게 된다. 인내심이 좀 생긴 거 같기도 하다.

중국은 크다. 무지 큰 나라이다. 15억 인구. '중국'은 이러저러하다, '중국 사람'은 이러저러하다고 말하는 거 자체가 모순이다. 이 큰 나라를 어떻게 그리 쉽게 정의할 수 있으리오? 다양성이 있다. 한편으로, 중국 대륙은 경제 성장 속도가 어마어마하다. 15억 인구의 나라가 수년간 GDP 성장률 10%를 달성하고 있으니 무섭기도 하다. 이젠 중국을 우리의 성장 경쟁 대상국이라 말할 수 있을지도 모르겠다. 이미 너무 커버린 G2 국가이다.

잠시 한국에 와 있다. 중국 여정의 반이 지났다. 남은 6개월여, 착실한 준비와 실행이 최선일 것이다. 다시 설렌다. 이 설렘의 묘한 매력은 내 심장을 또다시 쿵쾅쿵쾅 뛰게 한다. 마라톤으로 치면 이제 중간 반환점을 지났다. 돌아갈 때는, 걸어왔던 길이니 실수 좀 줄이고, 잘 달려보자. 또 시련당할 각오하고 어디 찐한 사랑 있나 다시 한 번 찾아보자. 사랑 없이 사는 청춘은 건조하다. 이젠 밥도 좀 많이 먹고, 살 좀 찌우고, 씩씩하게 살아가자. 뜨거운 사랑도 나누어보자. 식욕은 성욕이다. ― 01월 24일, 전주에서….

중국 2. 메이저 리그

인생황금기

다시 북경 어언대이다. 중급에 해당하는 C반에서 분반 시험을 본다. 시험 통과해서 D반으로 보내진다. 개강 첫 주 며칠 동안 D반에서 수업을 듣는다. 지도 교수가 나를 따로 부른다. E반으로 갈 수 있겠다 하고 당일 학과 사무실을 가보란다. 학과 사무실에 가보니 며칠 뒤 금요일에 추가 시험을 보러 오란다. 이것저것, 한자, 어휘, 문장 시험을 본다. 시험 결과는 놀랍다. E반이다. 또 잘난 체하는 소리에 이 순간 독자들이 재미없는 책을 저 멀리 던지는 소리가 들린다. 뜨어~! 북경 어언대에는 A반에서 F반으로 분반되어 있다. E반부터는 상급, 상고급반이다. 난 E-1반으로 배정되었다. 북경 사범대학의 4학년 1학기 수준이다. 어? 이래도 돼나? 아이고 난 모르겠다. 同屋(방 친구)들과 맥주 한잔하러 간다. 이날은 당연히 내가 쏜다. 설정된 목표에 서서히 다가가는 '느낌'을 받을 때 우린 행복해하고 맥주 쏘는 걸 두려워하지 않는다.

언어 학습에서 '자만'은 독약이다. 본인의 능력에 도취해 있을 때면, 발전은 거기에서 멈추고 더 이상의 진보는 없다. 자만으로 인해 긴장감이 확 사라지고 부여된 동기마저도 희미해진다. 이렇게 자만하는 것보다 그냥 포기하고 집에 가는 게 낫다. 옆에서 열심히 공부하는 남들에게 피해라도 안 주기 위해서 그냥 멀리 가자. 도움도 안 된다.

금번 봄학기를 '인생황금기'로 칭한다. 정말 많이 웃었고, 정말 많이 행복해했다. 시간아, 멈추어다오~! 나이가 40대 후반인 반 친구와 대화를 나눈다. 자기 아이를 군대 갈 정도로 키워놓았고 잠시 남편과 떨어져 있지만, 지금 여기 북경으로 넘어와서 배우고 싶은 중국어를 배우고 있기에 매일 아침 기숙사에서 교실로 오는 그 5분이 그렇게 행복할 수가 없다고 한다. 그 5분이 하루의 가장 행복한 시간이라고 한다. 짠한데? 공감! 원하는 걸 천천히 이루어 간다는 그 느낌, 참 멋지다고 생각한다. 행복은 상대적인 것!

수업 시간에 주로 2번째 줄 가운데에 앉곤 한다. 교실 중앙 위치인데, 맨 앞줄에 앉은 한국 남학생이 이상한 눈으로 나를 한번 힐끗 쳐다보더니 반 담임과 소곤소곤 이야기한다. 쏙닥쏙닥. 나를 반장 시키쟨다. 담임 선생님과 이 사이코 친구가 공모를 해서 나를 반장으로 뽑는다. 이 친구, 정신 이상자라고 약 올려대곤 했는데, 평소에도 이야기를 참 재미있게 하는 친구였다. 게다가 외모상, 하는 행태로는 공부 잘하는 줄 몰랐는데, 학기 말에 이 친구는 북경 인민 대학에 수석으로 입학한다. 교과서만 봤는데 수석했다던 그런 스타일인가? 이런 천재일 줄은…. 대단하다.

우리 반은 또다시 꽃밭이다. 남학생 4명에 여학생 17명. 아, 행복하다. 난 꽃밭에 사는 대표 늑대이다. 여성들이여, 이 늑대를 조심하시오~! 우리 반에는 동남아 친구들이 보인다. 일본, 러시아 친구들도 보인다. 지난 학기에는 한국 학생 수가 절대적이었는데, 이번 학기에는 국적이 좀 섞여 있다. 고급 반이긴 하다. 쉬는 시간에도 중국어를 사용한다. 개강 초에 회화 교수님이 교실 내에서도 가능하면 중국어를 사용하라고 말씀해 주셨는데, 착한 우리 학생들은 말도 참 잘 듣는다.

우리 반 담임 교수는 작가이다. 수 권의 책 저자이고, 전 세계에서 펼친 중국어 교육 경력이 어마어마하다. 30대 후반 아직 미혼이라고 하는데, 왜 미혼인지 이유를 모른다. 나처럼 강남에 빌딩이 없어서 그러시려나? 내가 좀 더 잘 생겼다. 뜨어~!

회화(구술), 듣기, 열독(독해) 교수들도 베테랑이다. 모두 국내외 다년의 경험을 가지고 계시고 자신의 직업에 대한 자부심도 있다. 모두 위대해 보인다. 친구들 말에 따르면, 상고급반 교수는 아무나 못 한단다. 수준급 고난이도 질문들이 오고 가고, 학생들의 관심사가 언어에만 국한되어 있지 않은 바, 경험이 바탕 되지 않은 교수들은 생존하지 못한다. 가르치는 게 쉽진 않겠다.

동왕장 전설은 계속된다

외국 현지에서 어학연수를 하면서 자주 들은 이야기가 가급적 한국 사람과 어울리지 말라는 이야기이다. 외국어를 배우러 갔더니, 외국어는 고사하고 한국어가 더 늘었다느니, 혹은 어설프게 외국어를 배우다 보니 외국어 실력도 줄고, 덩달아 한국어 실력도 줄었다는 이야기 등이다. 연수 전에 이런 이야기를 귀가 닳도록 하도 들어서 나의 가장 경계해야 할 대상이 한국인 줄 알았다.

봄 학기는 외주를 한다. 기숙사 탈출. 학교 근처 한 아파트의 방에 월세로 들어간다. 이 502호에는 나 말고 한국인이 두 명, 총 3명이 거주한다. 법학 전공자 한 명, 서예 전공자 한 명. 둘 다 나보다 나이가 한두 살 많다. 법학 전공자는 중국 친구들이 많고, 단기간 학습 기간에 불구하고 중국어 실력이 대단하다. 역시 현지인과 어울려야 한다. 그리고 서예 전공자는 중국에 갓 넘어온 사람으로, 약간 쑥스러움을 잘 탄다. 맥주 한잔하다 예술 이야기가 나오면 눈빛이 활활 타오른다. 그리고 전자공학도인 나. 이렇게 법학, 예술, 공학의 색다른 세 사람이 동거를 시작한다.

며칠을 함께 식사하고 어울리면서 우리는 각자의 특성을 파악하게 된다. 자연스럽게 각자의 역할이 정해진다. 법학전공자는 오락부장이다. 서예 전공자는 생활부장이고 나는 체육부장이 된다. 우리 세 명 삶의 즐거움은 오락부장이 총괄 지휘하고, 공동생활의 불편한 사항은 생활부장이 책임지며, 우리의 건강에 관련해서는 체육부장인 내가 스케줄 관리하고 기획한다. 각 영역에서 담당 부장의 결정에 나머지 2명은 거부권이 없다. 탄핵 권한도 없다.

오락부장의 책임은 그의 넓은 발에서 기인한다. 한 주가 무료해지는 수요일경 혹은 금요일 밤에는 철저하게 우리의 쾌락을 책임진다. 특히나 금요일에는 집에 안 들어가도 된다. 신나게 즐기고 놀면서 한 주의 스트레스를 날린다. 주로 중국 친구들과의 모임을 만들고, 그들과 재미있게 대화를 나누다 보면 밤새는 걸 모를 정도이다. 이런 게 밤 문화의 즐거움이구나. 노래방은 나의 취향이다. 우리는 가끔 중국 노래를 합창한다.

생활부장은 성실하다. 반찬이 떨어질 때쯤이면 한국 반찬가게에 몸소 가서 구매해오기도 하고, 필요한 물품을 꼬박꼬박 메모해 놓고, 공동 구역 청소할 일이 있으면 가장 먼저 청소기를 켠다. 같이 북경 어언대학교에서 어학연수를 하는 중이라, 등하교 시간에 같이 걸어가면서 하는 농담 따먹기는 이른 아침의 활력소가 되어준다. 공동 자금도 직접 관리하고 자금 보고도 가끔 해준다.

그리고 마지막 체육부장, 최 부장. 토요일 아침과 일요일은 나의 책임 시간이다. 목요일, 금요일경이면 오락부장과 생활부장이 나에게 물어본다. "이번 주는 어떤 운동이 계획되어 있나요? 미리 몸 좀 풀어 놓을까요?"

"네, 내일 아침에는 배드민턴장을 예약해 놓았습니다."

"네, 내일 아침에는 탁구장으로 예약해 놓았습니다."

"네, 내일은 향산 등반 예정이므로 조금 일찍 일어나셔야겠습니다."

"네, 내일은 볼링장으로 향할 예정이니 아침에 장비 준비하시면 되겠습니다."

그리고 한 가지 더, 건강을 책임져야 하기 때문에 매일 아침에 '죽을 쑨다.' 죽 쑨다. 죽 쑨다. 이 '죽'은 어제 남은 밥을 큰 냄비에 넣고 단순히 물만 부어 가스레인지에 휘저어 끓이는 백죽 정도이다. 그냥 맨밥 쌀죽이다. 쌀의 상태에 따라 5분에서 길게는 10분 정도면 '죽이 쒀진다.' 맛은 無이다. 맛이 없다. 뜨끈뜨끈한 죽에, 다른 잔반으로 아침 배를 채울 정도이다. 거짓말 안 보태고, 동거하는 내내 여행으로 집 비울 때를 빼고는 하루도 거르지 않고 죽을 쑤었다. 심지어 한국으로의 귀국하는 당일 아침에도 죽을 쑤었다. 공부도 배가 든든해야 열심히 한다. 아침은 필수다. 나중에 우리 동거인들과 인터넷 일촌 맺을 때 그들이 나의 별명을 '죽 쑤는 사람'으로 지어주었다.

유학 생활에 한국 친구들과 어울리는 것도 괜찮다. 이렇게 세 사람은 괜찮은 조화를 이루며 유쾌한 동거생활을 한다. 우리는 우리만의 추억거리를 만들어가며, 우리의 이야깃거리를 자칭 '동왕장의 전설'이라 불렀다. 아파트 이름이 '동왕장'이다. 우리의 아파트가 북경의 중심이고 세계의 중심이 된다. '동왕장의 전설'은 화려하다고 여기저기 소문이 나서, 놀러 오고 싶은 친구들이 항상 줄을 선다. 번호표 끊고 기다려야 한다.

작문은 샤프로 쓰세요. HSK 고등 도전

중국 땅에 넘어온 지 10개월이 넘어간다. 또 하나의 무모한 도전을 한다. HSK 고등시험이다. HSK 고등은 당시 9급, 10급, 11급으로 나누어져 있고, 11급이 최고 급수였다. (지금은 레벨 개수가 축소되었다) 각 시험 과목별로 급수가 나오고, 듣기, 열독(독해), 종합, 작문, 구술(말하기) 5과목 중에 2개 이상 과락이면 급수가 하향된다. 즉, HSK 고등은 전 과목을 충실히 학습해야 좋은 점수를 얻을 수 있다. 특정 과목의 실력 부족은 당연히 과락으로 연계되고 좋은 성적을 기대하기는 어렵다. 여전히 시험은 나의 '원수'이고 '적'이다.

HSK 시험 기간이 다가오니 역시나 그랬듯이 반 친구들이 사라진다. 결과주의, 성적주의, 행복은 성적순…. 음음… 시험 2주 전쯤 해서 시험 문제 유형은 알아야 하지 않느냐는 최소한의 예의로 근처 서점에 가서 모의고사 시험지를 산다. 저녁에 짬을 내서 시간 재면서 풀어보았다. 결과는 참말로 '비참'이다. 점수를 보아하니 9급 근처도 안 나오겠다는 판단이 선다. 괜히 시험 등록했나? 창피하다. 고등이 아니라 중등으로 등록했어야 한다고 자책한다. HSK 고등시험 날짜가 다가오니 HSK 족집게 강의들이 난립한다. 학교 쉬는 시간, 오후 잡담 시간에도 족집게 강사들에 대한 평이 나오기 시작한다. 반 친구들은 사라지더라도 난 계속 수업에 나간다. 최 씨 고집이다. 누군가는 교실을 지켜야 한다.

드디어 HSK 시험 당일. 같은 학교에서 시험 치는 여학우와 함께 택시를 타고 간다. 제2외국어 대학이란다. 정문에 도착해 보니 동서 캠퍼스로 나누어진다. 그 친구는 서쪽으로 나는 동쪽으로 간다. 시험장이 맨 꼭대기 층이다. 시험장이 아직 닫혀있다. 학생들이 이미 와 있다. '차도르'를 한 중동 친구들도 있다. 한국, 일본인이 다수이긴 하다. HSK 고등시험은 서양 친구들에게는 지나치게 어려운 시험이리라. 우리가 영어 알파벳을 처음 접할 때, 알파벳이 그림 글자처럼 보였던 것처럼 한자가 서양인들에게는 그렇게 보이지 않았을까? "오~마이~갓!" 그랬겠지. 그 심정 잘 이해한다.

작문 파트까지 온 에너지를 쏟아부어 나를 하얗게 태웠다. 우리 교실 시험감독관은 시험을 볼 때 꼭 연필만 쓰라고 여러 차례 경고했다. 나중에 들은 다른 반 친구들 말에 따르면, 자기네 반에서는 작문 시험은 샤프펜으로 써도 된다고 그랬단다. 두꺼운 심지의 연필로 써내려 가는 속도는 현저히 느리고 글씨도 참 안 예쁘게 써진다. 두 필기도구가 이렇게 다를 줄 몰랐다. 나도 턱걸이하는 분량으로 간당간당하게 적어내긴 했지만, 시간에 쫓기다 보니 나의 작문 내용은 형편없었을 터이다. 샤프 vs 연필. '사랑'은 '연필'로 써야 하지만, HSK '작문'은 '샤프'로 쓰는 게 낫다.

특히나 졸작이었던 작문 때문에 시험 결과는 반포기 상태였다. 시험 결과 봉투를 손으로 들어보면, 그 봉투 중량에 따라 급수가 있는지 없는지를 알 수 있다. 봉투가 가볍게 느껴지면 무급이고, 봉투가 무거우면 급수가 나온 것이다. 무급 성적 봉투에는 시험 결과만 나오고, 유급 성적 봉투에는 시험 결과와 함께 성적증명서가 주어진다. 이럴 줄 알았다. 시험 결과 봉투가 가볍다. 난 무급이다. 총점은 9급 점수를 훨씬 넘었지만, 두 과목에서 과락을 맞았다. 열독(독해)과 작문. 그것도 작문에서 2점 차! 아, 2점만 더 받았어도 고급 9급 성적 보유자일 텐데 아쉽다. 지난 중급 시험 때도 한 과목 1점 차 때문에 7급 아닌 6급 받았는데, 그 악몽이 재현되었다. 패자는 말이 없다. GG - Good Game 이었다.

我疯了(나는 미쳤다)

北京语言大学汉语速成学院 E-1班, 崔城玉

真的发疯了吗?我每天都吃三顿饭, 穿不华丽但朴素的衣服, 有规律的生活。看上去, 除了我的笑容以外其他都很正常。那么就为什么我走在路上的时候, 有些人看我的表情怪怪的呢?难道他们是误会我发疯了?我来说说这情况的原因。

3月份的一个周末我和我的两个同屋去香山爬山。听说中国人到春天就去'踏青', 比如去郊区旅游或者去公园转一转。今年新学期开始以后, 我的日子过得很单调, 于是就渴望从无聊的日常生活中逃脱出来。当时风很大温度也比较低, 但是我们乘坐331路汽车到达香山时, 没想到春天竟有那么多人爬山。去年爬香山时我能一口气到山顶, 但今年因我缺运动, 我的身体不听我的命令就快要游行示威似的。我终于爬到了山顶。那时我很心满意足。这种成就感一时让我发疯。

我从小一直认为自己的生活不应该总停留在原点。去年我对长久以来的流浪生活感到了厌烦。所以就决定今年是我流浪的最后年。追求稳定性不是人的基本愿望吗?不过我估计, 这个学期结束时, 很可能会恋恋不舍的。原因如下。大多数的留学生都同意在国外生活是一举多得的, 如体会外国的习俗, 跟外国朋友交流, 了解各种各样的文化等等。在中国留学也

带给了我很大的变化。这就是让别人误会我发疯的另外一个原因。每天早上在上课的路上我会因幸福而情不自禁地微笑。

下午补习班结束后，虽然很累，但是我脸上还是带着傻瓜似的笑容。还有一个更重要的是我变成了一个运动迷。过去一直忽视体育锻炼的我，到北京留学后，才发现了什么都不如健康重要。有人认为我中国留学是一时冲动。那么看看我现在是多么幸福呀。谁敢说我将来会后悔在北京曾经学汉语呢？我很自信将来我绝无悔。

我曾听人说'神的存在就要告诉我们应该做什么'但是我不信神的存在，还认为人应该倾听心底里面的声音。去年三月辞职的时候，我很犹豫，但是来中国学汉语是我一直以来的梦想，考虑了很长时间之后，决定来中国留学。当时不管周围的人怎么劝我，我都认为不做自己愿意的事将肯定后悔。所以我来了。

我疯了！我很满意每天都能发疯。我已经发疯了，同时我幸福极了。朋友们，一起发疯吧。虽然这种病治不了，但是我已情愿得了。而且我希望这种病能传染给同学们。

부족한 부분이 많아 보인다. 북경 어언대 작문 경시대회에서 3등상 받은 나의 작품이다. 3등 상이나 주셔서 영광입니다. 감사합니다.

넋이 나간 나

지난 주말에 북경의 향산으로 등산을 갔다. 원래 향산은 가을단풍이 유명한 산이다. 설날이 지나 기분도 충전할 겸, 새 다짐도 해볼 겸, 주말에 방 친구들과 함께 등산 가기로 했다. 새해가 되어, 막상 중국에 다시 돌아오고 이래저래 바쁜 하루들로 이어지다가, 이제야 한숨 돌리고 산 좀 탈까 했다. 최근엔 게을러져서 운동을 좀 덜 하다가 갑자기 등산을 하게 되니 다리가 작년만 못하다. 작년 가을에 등산할 때는 그리 씩씩하게 움직이던 다리가 겨울 동안에 녹슬었나 보다. 맨 뒤에서 거북이처럼 기어올라 겨우 산 정상에서 도착한 후 바라본 북경 시내는 꽤 볼만하다. 저 멀리 대한민국도 보인다고 뻥 친다.

술김이었는지 모르겠지만, 하도 결혼해라, 정착해라 소리 듣기 싫어 올해로 떠돌이 생활을 마치겠다고 부모님께 맹세한 적이 있다. 어디론가 떠나길 좋아하는 그 마음을 접고 유목민 생활을 마무리하며 정착하겠노라 다짐했지만 지켜질 일이 없다. 이 떠돌이 집시 생활이 이렇게 재미있는데, 포기 못 한다. 게다가 나름 괜찮은 수많은 가르침이 따라 준다. 타국에서의 살아남기, 다양한 성격의 친구들 만나기, 가지각색의 문화 체험, 운동 마니아로 변해버린 나, 그리고 자연스럽게 겪게 되는 아픔과 슬픔, 뭐, 지금 느낌상으로는 잃는 것보다는 얻는 게 조금 더 많아 보인다.

아침 등굣길에 깔깔 웃고, '범생'처럼 열심히 정규수업 듣고, 연달아 학원 마치고 집으로 돌아오는 길에 온몸의 에너지가 방전되어 무아지경이 되어도 바보처럼 웃기만 한다. 미쳤다. 넋이 나갔다. 좋아 죽겠다고 한다.

"신이 존재해서 앞으로 내가 무슨 일을 해야 하고, 무슨 결정을 내려야 할지 알려주면 좋겠다."라고 투덜대는 친구가 있다. 왠지 비열하다는 생각이 든다. 노력 안 하고 누군가 무언가에 의존만 하려 하면, 저 가고픈 길은 일찌감치 포기하고 수동적 삶을 사는 게 아닌가?

마음이 이끄는 대로 살아보자. 방탕하게 살아도 보고, 반듯반듯 똑 부러지게 살아도 보고, 거지처럼 살아도 보고, 맘껏 사치 부리며 살아

보기도 하자. 일단 해보는 게 좋겠다. 그 해보는 도중에 넋 좀 빼보고 행복 좀 누려보자. 인생 뭐 다들 짧다 하지 않는가? 자기 인생 버리고 남의 인생만을 위해 살기엔 아깝고, 눈치만 보고 살기에는 위장병이 곧 터진다. 뭐 하나에 미쳐 넋이 나가보자.

티베트로 여행을 갈까요? 기말고사를 볼까요?

북경 어언 대학교의 봄학기 일정은 7월 초에 끝난다. 캐나다로의 비행기 표를 서울발 7월 29로 구매했고, 일주일간 가족과 상봉한다고 가정하면, 중국에서 한국으로의 복귀는 7월 21일 전후이어야 한다. 기말고사가 끝나면 약 2주간의 여행을 가질 수 있는 계산이 선다. 중국 땅의 크기를 고려한다면 2주간의 여행은 짧은 여행에 속한다. 2주, 왠지 아쉽다. 여기저기 짧은 일정들을 뒤져보지만, 결국엔 티베트를 가고 싶다. 그곳으로의 여행은 2주로는 택도 없다. 6월 초, 반 담임 선생님께 진지한 상담을 한다.

"老师, 我不知道该怎样决定。是去西藏旅游好还是参加期末考试好。

(선생님, 어떻게 결정을 해야 할지 모르겠습니다. 티베트로 여행을 가는 게 낫나요, 아니면 기말고사를 보는 게 낫나요)?"

"你的公司需要你的成绩表吗? 不需要。那你要成绩表干什么呀? 当收藏品吗? 我觉得对你来说去旅游能学到更多的东西。

(직장에서 성적표를 필요로 하니? 성적표가 필요하지 않는데, 성적표 가지고 무엇에 쓰려고. 소장품으로 활용하려나? 내 생각엔 자네 입장에서는 여행을 가는 게 더 많은 것을 배울 수 있다고 생각하네)。"

쿨한 답변이다. 반 담임 선생님 말이 맞다. 이렇게 쉬운 해답을 두고, 뭘 그리 고민했을까나? 6월 19일 북경 출발 西宁(시닝, 서녕)행 기차표

를 산다. 딱 한 달 여행 일정이다. 중국을 꽤 넓게 돌아보고 간다. 기말
고사 잘 마치고, 이번 학기 수업을 끝까지 듣고 싶은 마음이 굴뚝이다.
부족하지만 E-1반 반장으로서 급우들과 같은 배를 타고 기말까지 함께
하고 싶었다. 어쩌나, 몸이 하나이고 해야 할 건 있고. 급우들아 미안
해~! 나 좀 이기적이 되어야 할 거 같아. 이번엔 티베트 여행으로 중국
유학의 피날레를 장식해보자.

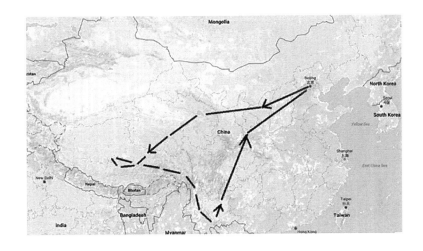

　대략적인 루트는 중국 지도를 펴면 북경에서 수평으로 서쪽으로 가
다가 중간 조금 넘어간 위치에서 중국 서남쪽 히말라야 산맥 쪽으로
방향을 틀고, 네팔과 국경 지점에서 동남쪽으로 완전히 방향을 튼은
다음에 국경 근처를 따라 昆明(云南, 운남성의 도시) 쪽으로 향하다가 중
국의 중심부에 위치한 西安(서안)을 거쳐 북경으로 돌아오는 반시계 방
향의 루트이다. 티베트 수도 拉萨(라사)까지는 중간 몇 곳을 들리는 것
을 감안하면 기차와 버스로 1주일이 넘는 시간이 예상된다. 우연찮게
라사까지 동행할 수 있는 친구가 하나 생겼다. 라사 이후 여정은 라사

에 도착한 다음에 시간, 자금, 그리고 건강 상태에 따라 탄력 있게 조정하자고 한다.

북경 친구와 하이킹용품 가게에서 만난 또 다른 북경 친구까지, 나를 포함해 총 3명이 라사까지 동행한다. 기차와 버스만으로의 여행이다, 비행기는 안 탄다. 아끼고 아끼면서 다니는 짠돌이 여행 계획을 세워 보아도 나의 여행자금은 부족하다. 부족한 자금을 어디서 구하나? 중국 떠나면 못 볼 사람들이라 누구한테 돈 꾸기도 애매하다. 보이는 건 책상 서랍에 고이 모셔둔 인천행 비행기 표뿐이다. 북경 시내 중심에 있는 항공사 사무실로 달려가 비행기 표를 환불한다. 대신 3분의 1 가격이 되나마나 하는 저렴한 인천행 배표를 구한다. 24시간 걸린다고 했던가? 차액은 몽땅 여행자금에 투입한다. 이 한 달 여행 동안 나의 여행 총 경비는 얼마 들었을까? 나중에 식비, 숙박비, 교통비 계산해 본다. 믿기지 않겠지만, 모두 합쳐 50만 원이 안 되었다. 이 중 20만 원이 살짝 안 되는 금액이 항공권 환불, 배표 구매 차액이었으니 이 비중이 상당했다.

어찌 되었던, 이번 여행을 통해 중국 유학을 확실하게 마무리할 수 있겠다는 생각이 든다. 항상 그랬듯이 여행을 떠나기 전이 가장 많이 설레고 긴장된다.

티베트 1. 티베트 불교 절대 신자들, 라사 도착

西宁(서닝), 青海湖(청해호), 格尔木(꺼얼무)를 통해 정말로 1주일을 달려 纳木措(나무추, 라사 근처 호수)에 도착한다. 나무추로 들어가는 '칭장로'엔 달력 같은 사진들이 사방팔방 펼쳐져 있다. 보는 눈이 줄곧 행복하다. 차 멈추는 족족 사진을 찍고 동영상을 남긴다. 이 풍경에의 감동은 눈물 나는 정도가 아니다. 훨씬 그 이상이다. 우린 복받은 거다. 전생에 나라를 구했거나 인류를 위한 발명이라도 했나 보다. 그런데, 온도가 뚝뚝 떨어진다. 주위 풍경 속에 하얀 눈의 양이 서서히 늘어나다가 이젠 눈으로 완전 덮인다. 간혹 양 떼들이 보인다. 이 친구들, 7월에 이 정도 추위면 12월에는 어떻게 살아가나? 전기장판 두고 사는 것도 아니고, 가스보일러가 있는 것도 아니고, 야외 강추위 속에서 대단하다. 달리고 달려 자정이 되어서야 우리는 나무추 호수에 도착한 뒤 서둘러 텐트를 하나 잡고 잠을 청한다. 장시간 달려 피로가 쌓일 대로 쌓였고, 온도도 급강하하여 잠자리가 편치 않아, 잠이 제대로 올지 모르겠다.

잤는지 안 잤는지 부둥키다가 눈이 떠진다. 그와 동시에 갑자기 머리가 빠개지는 걸 느낀다. 이 두통은 기존의 두통들하고 차원이 다르다. 뇌를 계속 뭉개고 쥐어짜는 느낌이고, 뇌의 대부분이 쇳덩이처럼 정지된 상태로 극히 일부만 어거지로 동작하는 느낌이다. 떵하다. 그 고통으로 인상을 펼 수가 없다. 곧 구역질 나올 정도로 두통이 심하다. 맞다, 산소 부족이다. 고산 지대라 뇌에 공급되는 산소량이 줄어 버리니 뇌가 이상 반응을 보이고 몸도 즉각 반응한 게다. 미리 가져간 두통약을 먹어 본다. 시간이 지나도 두통은 줄지 않는다. 흔히 말하는 고산병이다. 억지로 몸을 일으켜 세우고, 텐트 밖으로 걸어나간다. 눈이 부시다. 태양이 강렬하게 내리쬔다. 거기 서 있는 곳이 거리상 태양에 무척이나 가까우니, 이른 아침인데도 태양빛이 거침이 없다. 그런데, 이런 젠장! 내 눈을 의심하게 된다. 바로 앞에 펼쳐진 웅장함. 이 엄청난 나무추 호수의 바로 앞에서 어젯밤 뭣도 모르고 아무 기대 없이 무심코 잠만 청했던 것이다. 두통으로 인해 머리는 쇳덩이로 변해 있는데, 눈은 정말 호강이다. 너무 아름답다. 청색, 녹색, 갈색, 하얀색의 조화. 내 눈으로만 즐기기엔 참 아깝다. 동영상을 찍기 위해 캠코더를 돌린다. 내 평생 이런 풍경을 볼 수 있다니… 한순간도 놓치지 않을 테다.

라사로 들어가기 전에 시간이 좀 있다. 꾸역꾸역 아침 대충 챙기고, 호수 쪽으로 더 걸어가 보기로 했다. 얼마 가지 않아 말들이 모여 있는 곳이 보이고, 말을 빌려 탈 수 있다고 한다. 잠깐, 내가 말을 타본 적이 있었나? 그러고 보니 내 인생 단 한 번도 없었다. 타볼까? 20억짜리 경주마는 아니더라도 티베트 말 타보기는 해보는 게 좋겠다 싶다. 이미심한 두통으로 뇌가 심하게 비정상 동작하고 있어서 그런지 더 용감무쌍해진다. 처음 타보는 말이 귀엽다. 말이 천천히 걸어간다. 풍경 보랴,

말조심하랴, 몸이 흥분되어 아드레날린이 폭발한다. 한 30분 탔을 것이다. 말값을 지불하려고 하는데 언쟁이 높아진다. 아, 얘네들도 나에게 바가지를 씌우려 한다. 분명 말타기 전 말한 가격과 말 타고 난 후의 가격이 몇 배이다. 머리 아파 죽겠는데, 짜증 난다. 그냥 약속한 가격대로 그대로 받아가면 어디 덧나나? 지네 패거리 몇몇이서 우리를 둘러싼다. 우리를 협박조로 위협하기도 한다. 왕짜증! 우리 이러지 말자. 처음 홍정한 가격에 살짝 얹혀 던져주고 돌아선다. 내 앞에 아름다운 풍경 때문에 참았지, 아니면 개싸움 한판 붙었을지도 모른다. 스파링하게 몸 좀 풀어둘 걸 그랬나? 때론 정가제가 속 편하다.

拉薩(라사)로 들어간다. 드디어 세계의 지붕, 티베트의 수도에 도착한다. 라사로 들어가는 도로에서 티베트 불교 신자들을 수도 없이 볼 수 있었다. 3걸음 걷고 온몸을 엎드린다. 절한다. 팔을 살짝 들다가 내려놓고 일어선다. 또다시 3걸음 걷고 똑같은 동작을 반복한다. 미친 거 아냐? 108배가 한두 번이 아니다. 그냥 저러고 집에서부터 걸어온다. 일반인들이 그렇게 하면, 몇백 미터 안에 무릎 나가고 허리 부러지기 딱 좋다. 정상적으로 걸어가도 며칠이 걸릴지 모르는 거리이건만, 이들은 힘들게 절을 하면서 앞으로 조금 조금씩 나아간다. 게다가 라사 가는 '칭장' 길은 해발 3,000에서 해발 5,000여 미터 높이에 있다. 그 길에는 거친 찬 바람이 시종일관 불어대고 눈과 비는 상습적으로 뒤섞여 내려 험한 길을 만든다. 궁금한 친구는 유튜브에 'Tibetan pilgrimage'로 검색해 보자. 며칠이 걸릴까? 아니, 몇 달이 걸릴까? 종교에 대한 신념 없이는 절대로 그럴 수 없다. 그냥 목숨 걸고 고행길을 사서 가는 거다. 명줄 줄어드는 걸 알면서도 그렇게 절하고 그렇게 걷고 있다. 일반 상식으로는 도저히 이해가 되지 않는다. 종교의 힘이라 그런 건가? 대단함은 알겠는데, 꼭 이래야만 하나? 불쌍타, 어쩌나. 그들이 너무 힘들어 보인다.

머리가 여전히 아프다. 같이 온 친구 둘도 머리가 아프다 한다. 어제 친구들이 사온 산소 주머니와 포도당을 사용하지 않고 입을 악물고 한번 버텨 본다. 종일 머릿속에서 이상한 소리가 들리는 것 같고, 겨우 저녁이 되어서야 그래도 조금 나아진다. 이 동네는 산소가 확실히 부족하다. 부족한 산소 때문에, 머리가 반응하고, 온몸이 무기력해진다. 아니나 다를까, 호기심이 발동한다. 라사 시내에서 알록달록한 중국 제기를 사 온다. 숙소 안뜰에서 제기를 차본다. 얼마나 찰 수 있나 한번 실험해본다. 하나, 둘, 셋, 넷… 청소부 아주머니를 포함한 주위 사람들이 다 나를 쳐다본다. 어떤 미친놈이 혼자서 제기를 차고 있다. 한 2, 3분 찼나? 어지럽다. 헉, 호흡을 가다듬으려 하는데, 어지러워서 그냥 그 자리에 푹 쓰러져 주저앉는다. 여기서는 도저히 길어야 3분 못 넘기겠다. 심호흡해도 진정이 잘되지 않는다. 이러다 호기심이 사람 잡겠다. 병원 실려 가긴 싫다.

라사엔 布达拉宫(뿌따라공=포달랍궁)이 있다. 꼭 들려야 하는 곳이다. 포달랍궁은 세계 7대 불가사의 중 하나이다. 13층 건물 안에 미로처럼 생긴 구조에, 엄청난 수의 불상, 조각상을 볼 수 있고, 대외적으로는 유네스코 문화 유산으로 1994년에 지정되었다. 달라이 라마의 거처이자 티베트 불교의 가장 핵심 건물이다. 동행했던 북경 친구는 불교 신자가 아닌지라 포달랍궁을 방문하지 않는단다. 헐, 믿는 종교는 둘째치고 볼 건 보고 느껴봐야 하지 않을까 하는데, 모르겠다. 두통이 심하니 나도 모르게 더 투덜거리고, 성격이 부정적으로 되었나 보다. 선택은 자유이니. 포달랍궁은 1일 입장객 수를 제한한다. 전날 미리 시간 예약을 해야 다음 날 들어갈 수가 있다. 여권을 들고 참 긴 줄을 기다린다. 성을 돌아 입구 저 멀리서부터 시작된 긴 줄로 인해 혹시나 제한된 수에 못 들어갈까 봐 노심초사한다. 어느덧 표 판매소가 보인다. 아직 판매한다. 휴, 다행이다. 표를 얻었다. 내일 들어갈 수 있으니 기분 좋다.

다음날, 서둘러 포달랍궁으로 들어간다. 방이 999개, 불상이 2만 개가 넘는다고 한다. 방도 많고 불상도 수도 없이 많다. 수많은 방을 끊임없이 걸어가게 되고, 크고 작은 가지각색의 불상을 맘껏 볼 수 있다. 그런데 그에 못지않게 다양한 종류로 구석구석 전시되어 있는 게 하나 더 있다. 어쩜 더 쉽게, 더 많이 보인다. 바로, 돈이다. 사방팔방에 다 돈, 지폐이다. 중국 지폐는 물론이고 전 세계 화폐가 다 모였다. 특이한 건, 누가 그랬는지 몰라도 고가 지폐들을 일부러 딱 잘 보이는 곳에 붙여 두고 걸어 두었다는 것이다. 그것도 매우 가지런히 깔끔하게. 불상 앞, 촛불 옆, 기둥 둘레, 유리문 앞 등 모든 공간에 돈이 붙어 있고, 틈

새 틈새 끼워져 있다. 그냥 도배되어 있다. 여기 포달랍궁도 종교 기관이니, 기부금이야 받을 수 있겠지 생각하면서도, 몇 걸음 가는 곳마다 스님이 대기하고 있고 금고 비슷한 상자들을 여닫으며 잔돈 바꿔주는 모습을 보면 왠지 고개를 갸웃거리게 된다. 심지어 티베트 사람들은 1년 농사를 열심히 짓고 나서 얻은 수확금을 몽땅 절에 바치기도 한단다. 고개를 절레절레 흔든다. 이걸 어떻게 해석해야 하나? 여기 티베트 사람들, 가난한 사람들이다.

티베트 2. 혼자 남은 티베트, 새 친구들은 나를 반겨준다

두 북경 친구들과 헤어지기로 했다. 향후 여정에 대한 의견이 좀처럼 좁혀지지 않았고 한 친구의 경비가 곧 바닥이 나서 자기네들끼리 경로를 단축하기로 했단다. 두 친구는 라사에서 동쪽 四川(사천성) 쪽으로 바로 향하는 경로를 택했고, 나는 동남쪽으로 더 내려가 云南(운남성) 쪽으로 향하기로 했다. 혼자 남았다. 혼자라는 거에 이미 익숙해져 있다. 흑흑.

혼자 하는 여행은 나름대로 장점이 있다. 첫째, 침대 구하기가 편하다. 아무리 바쁜 성수기에도 웬만하면 침대 하나는 꼭 빈다. 둘째, 버스, 기차 티켓도 웬만하면 표 한 장은 구할 수 있어 이동이 훨씬 수월하다. 셋째, 가는 곳마다 만나는 사람과 모두 친구가 된다. 버스 옆자리, 기차 칸에서, 숙소에서, 길에서 새로 만난 친구들의 수를 헤아릴 수 없다. 그리고 마지막으로 누군가와 싸울 필요가 없다. 시차 때문에 그리고 힘든 여정 때문에 신경이 예민해지고 사소한 일들에도 감정이 격화되기 일쑤다. 같이 여행 간 친한 친구가 대판 싸운 후에 원수가 되어 돌아왔다는 말을 많이 들었을 거다. 혼자만의 여행은 장점이 많다.

나보고 혼자만의 여행과 연인 혹은 여럿이 하는 여행 둘 중 하나 고르라 하면, 무엇을 고를까? 앞서 한 말, 다 변명이다. 여럿이 함께 가는 게 낫지, 혼밥, 혼술이 좋을 리야. 사랑, 우정이 충만한 여행이 훌륭하지, 고독한 여행은 이미 할 만큼 했다. 아~ 슬퍼지려 한다. 다음엔 애인과 또는 친구와 함께 여행하자. 꼭 그렇게 해야 할 텐데 말이다. 쩝, 절에 가서 빌어야겠다.

오늘도 쓸쓸히 혼자다. 버스를 타고 사색의 시간을 갖기 위해 절로 향한다. 티베트에 가면 티베트 법을 따르라 했다. 불교 신자가 되어 가족과 친구들의 건강을 기원하러 절로 가보자. 어제 식당에서 우연히 만난 天津(천진) 친구가 자기 일행 중에 독특한 한국인 친구가 있다고 한다. 시간 되면 한번 만나 보란다. 저녁 식사 후, 그 친구가 머무는 숙소를 향한다. 이름은 '영수' 씨. 몇 년 전부터 세계를 헤집고 떠돌아다니는 전문가 수준의 백팩 여행가다. 이번엔 히말라야 산맥을 거쳐 네팔, 인도로 들어간단다. 텐트는 기본이요, 식사 도구, 등산 도구, 산소 주머니, 칼, 식기 도구, 필수 장비는 모두 갖추고 다닌다. 가방이 내 몸무게보다 더 무거워 보인다. 저 크기의 저 가방을 어찌 그리 오랫동안 들고 다닐 수 있을까? 이 친구는 지도를 펼쳐보고 근처에 산이 있으면 무턱대고 바로 그 산으로 향한단다. 광동 친구가 영수 씨와 하루 동안 동반했다가, 영수 친구의 속도를 도저히 따라잡을 수 없을뿐더러 그날 저녁에 자기 다리에 물집만 잡혀서 그 이후로는 같이 안 따라 다닌단다. 영수 씨에게 물어본다, "왜 여행을 하세요?" 영수 씨는 웃기만 하고, 대답이 없다.

두 광동 친구를 만난다. 남자 이름은 '胡(Hu, 후)'이고, 여자 이름은 '徐(Xu, 쉬)'이다. '후' 친구는 사진 기자이다. 몇 달 전에 회사를 그만두고 사진을 찍으러 돌아다닌댄다. 큰 카메라 두 대를 들고 다닌다. 그의 보물 자산 1, 2호란다. 카메라 한 대는 풍경을 찍기 위한 카메라이고, 다른 카메라 한 대는 인물을 찍기 위한 카메라란다. 일반 풍경을 이 친구가 찍으면 예술 사진이 되고, 보통 인물을 이 친구가 찍으면 특급 위인이 된다. 신기하다. '쉬' 친구도 얼마 전에 회사를 그만두고 중국 곳곳을 여행 다니고 있단다. '쉬' 친구는 공식적으로 내가 처음 만나는 광동 지역 여성이다. 북방 여성들의 싸우는 듯한 어조와는 다르게 남방 여성들의 어감은 간질간질 부드럽다. 아침 밥 먹는 식당에서 영수, 후 그리고 쉬를 만난다. 이 친구들에게 어디 가냐고 물으니, 哲蚌寺(쩌빵쓰, 철방사)로 간단다. 나와 목적지가 같다. 이곳에서 만난다는 거 자체가 우연인데, 오늘 가는 곳도 같다. 이런 인연으로, 우리 티베트 4인방 낭만 자유여행객들은 쉬가 서안으로, 영수 씨가 네팔로, 그리고 나와 후가 운남성으로 떠날 때까지 티베트에서 시간을 공유한다. 다행스럽게도, 아주 다행스럽게도 이젠 나 혼자가 아니다.

티베트 3. 눈물이 난다. 羊湖(양호)

　다음날, 우리 티베트 4인방은 羊湖(양후, 양호)로 가기로 했다. 점심 전후로 해서 버스가 있다고 한다. 양호로 가는 구체적인 경로는 아무도 모른다. 방향만 그저 저쪽이란다. '그쪽 방향'으로 가는 버스를 타고 달리다가 오후 4시가 좀 넘어서 도착한 마을이 버스 종점이란다. 우리더러 하차하란다. 버스 기사한테 물어보니 여기서 양호로 가는 버스는 이제 영업 마감이란다. 별수 없이 종점에 내려 양호로 가는 택시나 사설 기사들 비용을 물어보니 턱없이 비싼 금액을 이야기한다. 아, 또 바가지…. 우린 양호 쪽 방향만 잡고 그냥 걷기 시작한다. 아직 해도 있고, 날씨도 좋아 걸을 만하다. 시간에 쫓기는 여행이 아니다 보니, 그냥 부담 없이 걸어가면 된다. 걷다가 지나가는 차를 붙잡아도 된다. 그런데, 너무 시골 동네로 와버렸나? 한참 동안 지나가는 차도 없다. 배가 고프다. 간단한 빵, 소시지 그리고 정체불명의 과일로 식사한다. 이 정체불명의 과일은 향채 다음으로 맛이 없다. 그리고 별미라고 꺼낸 '후' 친구의 닭발. 닭발 모양이 아주 살아 있다. 웬만한 음식은 다 먹어주는 내 위장이지만, 살아 있는 듯한 이 닭발들을 보고 오늘은 용기가 나지 않는다. 나중에 식량 다 떨어지면 그때는 같이 닭발을 먹겠노라 말은 했는데, '후'와 영수의 닭발 먹는 속도를 보니, 오늘 밤이면 닭발도 다 사라지겠다.

차가 안 온다. 영수의 말로는 텐트가 있으니, 너무 늦으면 텐트에서 자면 된다. 1인용 텐트 아니냐고 묻자, 맞단다. 4명이 1인 텐트 속에 껴 자면 된단다. 식량 떨어지면 어쩌냐고 물으니 야생 동물 사냥하면 된 단다. 사냥이라, 클럽에서 해본 것 빼고는…. 걷다 걷다 지쳐서, 도로 옆에서 4명이 죽치고 기다린다. 2시간 기다렸을까? 소형 차량 한 대가 지나간다. 헤이헤이~ 무작정 세워 놓고, 가격 흥정에 들어간다. 오늘은 중국인 2명이 곁에 있어서 자신감 최상이다. 항상 그랬듯이, 가격을 밀고 당긴다. 그 차량 주인이 얼마 달랜다. 우리는 너무 많다고 징징거린 다. 차량 주인이 조금 깎아 준다. 우리도 조금 올려준다. 말이 오고 가고, 숫자도 오고 가고. 여하튼 가격 결정. 참말로 중국 친구들 가격 흥정할 때 연기 능력을 보면 대종 영화상을 주어야 한다. 주연, 조연, 엑스트라, 연기들 참 잘한다.

높은 산을 뱀 휘어 감듯 지그재그 돌고 돌아 4,200m 표지판이 보인 다. 표지판 너머로 羊湖(양호)가 보인다. 참 곱다. 다시 지그재그 달려 내려간다. 양호가 바로 눈앞이다. 이 절경을 보는 순간, 우리는 각자 카 메라를 꺼내 들고 차 밖으로 뛰쳐나간다. 그렇지 않아도 요 며칠 동안, 상업적으로 변해가는 티베트에 대해 실망하고 있었는데, 이곳엔 아직 티베트가 살아 있다는 느낌이라 좋다. 우리가 꿈꾸던 티베트가 아니라 고 아쉬워하며 용기 내어 더 가보자고 했던 게 바로 어제 아닌가? 여기 부터는 우리가 그리워했고, 보고 싶어 했던 티베트다. 얼굴을 강하게 때리는 찬 바람이고 추위고 자시고 모른다. 어린아이처럼 환호성을 지르고 폴짝폴짝 뛰어 댄다. 마냥 즐겁다. 온 보람이 있다. 그림으로만 보았던 티베트가 드디어 여기에도 있다. 빠개지는 머리를 움켜잡고 인내하며 힘들게 달려온 험난 여정에 대한 보상이리라. 하늘을 바라본다. 맘껏 호흡한다. 하늘에 가장 가까운 곳, 티베트에서 하늘과 다시 인사를 한다. 티베트가 이제야 우리를 반겨준다. 우리도 이제야 티베트를 우리 품에 안는다.

30분을 더 달린다. 해가 지기 시작한다. 석양이 보인다.

"先生, 停车一下儿(선생님, 차를 좀 세워 주세요)."

호숫가에 차를 멈춘다. 우리는 흥분되어 있었고 우린 이미 모두 울고 있었다. 차 문을 박차고 나와 달리기 시작한다. 너나 할 거 없이 마구 달린다. 방향도 없이 쉼 없이 달린다. 껑충껑충 뛰며, 환호성을 지른다. 예쁘다, 아름답다, 최고다. 그윽한 석양에 울부짖는다. 이렇게 고울 수 있나? 운다, 또 운다. 거칠게 뛰어도 숨이 막힐 줄 모른다. 우린 모두 행복하다. 흠뻑 젖은 눈물로 우리 모두의 볼은 뜨겁다. 이렇게 아름다울 수가 있나. 감동이다.

"난 행복하답니다. 티베트가 있어서 행복하고, 티베트에 와 있어서 행복합니다."

우리는 한동안 티베트와 뜨거운 사랑을 나눈다.

운남 1. "여자는 비용이 덜 들어요."

영수 친구는 예정대로 히말라야 산을 넘어가 네팔로 간단다. '쉬' 친구는 비행기를 타고 떠난다. '후'와 나는 버스를 타고 云南(운남성)으로 향한다. 라사에서는 둘이서 출발을 하지만, 운남성으로 이동하는 족족 일행이 늘어난다. 말동무들이 늘어나, 웃고 떠들 일들이 많아져, 여행은 더 흥겨워진다. 특히나 新疆(신강성) 출신 두 친구는 10여 일 동안 나를 즐겁게 해준다. 大哥(따껄, 큰형)와 조카 小孙(샤오 순, '순') 둘 다 사업을 한다는데, 사업가 기질이 있다 보니 역시나 말솜씨가 대단하다. 숙소 해결, 물건 구입, 교통편 문제는 이 두 사람이 앞장서서 다 해결해준다. 이 두 사람의 여행 목적은 상해로 가서 지프 차 한 대를 산 뒤 자기 고향으로 몰고 가서 그 차를 비싼 가격으로 되파는 거란다. 상해는 중국의 동남쪽 끝이고, 두 친구의 신강성은 북서쪽 끝이다. 6,000㎞는 넘지 않을까? 차를 몰고 가는 데만 며칠이 걸릴까? 이 사람들, 대단한 사람들이다.

큰형의 인생은 화려하다. 사업 재기, 실패, 재기, 실패, 그리고 찾아온 사랑, 떠난 사랑. 남자들 사이에 사랑 이야기가 빠질 수 없지. 사랑이란 주제라면 다들 이야기할 거 많다. 큰형은 특별히 나를 돌봐준다. 내가 불쌍해 보였는지, 아니면 귀여워 보였는지, 여행 막판 헤어지는 날까지 나를 보살펴준다. 나에게 따뜻한 관심을 주고 시종일관 배려해준다. 참 고맙다. 이 동네도 우리 동네와 비슷하다. 무리 중에 가장 나이든 사람이 '대장', '큰형'이 된다. 그 연장자가 리더 자리에 앉게 되면 자연스레 책임의식을 가지고 그 무리를 이끌어 간다. 나머지 무리군은 이 연장자를 큰형이라 부르고 순종하며 따라간다. 어딜 가나 유사한 문화이다.

'순' 동생은 삶의 우선순위가 PC방과 휴대폰이다. 숙박 도시에 머무르면 가장 먼저 찾는 곳이 PC방이고 PC방에서 여자들과 채팅하기를 좋아한다. 채팅하다가 여자 꼬시면 좋단다. 단순해서 좋다. 행여나 그 여행지에서 PC방이 없으면, '순'은 무료해지고 대화할 기운도 없어 보인다. 그러다가도 길거리 매장에서 휴대폰 신모델을 발견하면 굶주린 늑대가 먹잇감을 찾은 듯이 흥분하고 그 판매원에게 꼬치꼬치 가격을 물어보고 휴대폰 기능을 상세히 점검해본다. 새로 만난 사람과 대화 나누기를 좋아하고 다른 지역의 휴대폰 가격과 비교하기를 좋아한다. 고향에서 휴대폰 영업을 했다고 한다. 항상 나를 老崔(최형)이라 부르며 나와 농담 따먹기를 좋아한다. '순'은 순진하다. 조만간 돈 벌어서 한국으로 여행 오고 싶다고 한다. 한국 오면 내가 꼭 가이드해주겠다고 약속한다.

앞서 말한 바와 같이 티베트에서는 물론이고 운남성 가는 길에 외국인 신분을 노출해서 좋을 게 하나도 없다. 첫 번째 이유는 외국인이라 발각되면 장사치들이 부르는 물건값이 턱없이 높아지기 때문이다. 흥정을 잘해서 가격 좀 깎는다 하더라도 원래 엄청 뻥튀기해서 부른 가격이니 손해를 볼 수밖에 없다. 둘째 이유는 뭣도 모르는 외국인이기에 소매치기의 공격 대상이 될 뿐 아니라 각종 범죄의 희생양이 되기 쉽다는 것이다. 우리가 가지고 다니는 여행경비는 현지인들의 몇 달, 몇 년 월급에 준한다. "我是韓国人(저는 한국인입니다)."라고 말하는 순간 주위 사람의 관심을 끌 수는 있지만, 여행의 위험도는 급상승한다. '후' 친구가 제안한다, 아무래도 안전상 나보고 북경인 행세하는 게 낫겠다고 제안한다. 이쪽 동네가 북경과 한참 멀기에, 내가 북경에 대해 좀 아는 척

하고, 적당히 혀 굴리면서 儿话音(얼화음, 입에 구슬 넣고 말하는 듯한 북경 지방어)을 넣어서 말하면 으레 살짝 북경인 행세를 할 수 있을 거란다. 그게 낫겠다. 며칠간 그럭저럭 북경인 행세했는데, 신강 두 친구를 만나면서 이야기가 달라져 버렸다.

큰형의 전 여자친구가 북경 사람이란다. 거기다가 장사하는 사람들은 눈치가 빠르다. 그래도 다행인 건 이 형은 나를 해코지할 형이 아니다. 이번엔 큰형이 다른 제안을 한다. 이젠 나보고 광동 사람 하란다. 큰형 귀에는 나의 중국어에 광동어 억양이 있다고 한다. 15억 인구 중에 별의별 민족, 별의별 지방어가 있으니, 광동 사람 안 될 이유 없다. 얼떨결에 나는 광동 어느 지역, 어느 동네 출신이 되어 버렸다. 일단 외모는 중국인이라 해도 잘 먹히니 말 수만 좀 줄이면 된다. 티베트를 벗어나 어느 정도 안전하다고 판단되는 丽江(리쟝, 여강, 운남성 서쪽 도시)에 도착해서야, 동행했던 다른 중국 친구들에게 내가 한국인이라고 말하니, 다들 뒤로 자빠진다. "真的吗(정말)?" 되묻는다. 전혀 몰랐다 한다. 야, 괜찮네. 내 연기력이 괜찮은 건지, 내 외모가 현지인처럼 생긴 건지?

밥을 먹다가 '후'가 입이 쭈욱 나온 걸 보니 불평불만이 있는 모양새다. 무슨 일이냐고 물으니, 남녀 성차별에 불만이 있다고 한다.

"怎么样(어쩐대)?"

'후'는 몇 주 전에 광동성에서 여성 친구 하나와 같이 출발했다고 한다. 희망하는 경로가 달라 초기에 헤어지면서 그냥 가끔 문자 메시지를 주고받은 정도인데, 이 여성 친구는 여행 중에 돈 쓸 일이 별로 없다고 한다. 이유인즉슨, 교통비와 식비가 거의 들지 않는다는 것이다. 가는 곳마다 남자들이 앞장서서 밥 사주고 군인 아저씨들을 포함해 도로

위 지나가는 차 기사, 남자들이 다 무료로 태워준다고 한다. 단지 이 여성 친구는 남자들의 이야기를 들어주고, 리액션 하며 박수 쳐주고 웃어주기만 하면 된다는 것이다. 돈은 상대방들이 쓰는데, 고맙다는 말은 그 여성 친구가 듣는단다. '후'의 불만도 일리가 있다. 웃음이 멈추지 않는다. 여자로 못 태어난 게 한이다. 남녀 성차별이다.

운남 2. "옷이 없어요."

히말라야 산맥 끝자락 운남성 쪽으로 다가간다. 운남으로 가는 도로들은 높은 산 절벽의 옆을 기역 자로 깎아 차가 다닐 정도로만 살짝 파놓은 길들이다. 비가 오면 흙, 돌무더기가 덮쳐 길이 끊기다 보니 버스가 못 지나가 저벅저벅 반나절, 온종일 걸어간 날도 이미 많다. 차량 2대가 지나갈 정도로 길을 넓게 파놓진 않는다. 이날 따라 갈아탄 버스가 침대형 2층 버스다. 무섭다. 게다가 나의 자리는 2층 뒷좌석이다. 계곡 아래쪽으로 시선을 돌리면 계곡 물이 저 아래로, 한참 아래로 보인다. 계곡 쪽에 이상한 하얀, 시커먼 조각들이 보인다. 옆 사람 말로는 얼마 전에 떨어진 차란다. 뜨어. 헉, 이런. 그 옆 사람이 편하게 남 일처럼 이야기해서 더 무섭다, 후덜덜, 공포다. 놀이 공원에서 롤러코스터 탈 때와는 비교가 안 된다. 이 가파른 계곡에서 2층 버스를 타고 달리는 건 살아 있는 공포영화다. 도로 상태가 안 좋고 지금 비가 오는 걸 감안하면 버스가 저속으로 달려야 하건만, 기사 아저씨는 아무 두려움 없이 고속도로마냥 신나게 밟는다. 산 옆 자락으로 지그재그 달리다 보면 상대방 쪽에서 오는 차량이 갑자기 튀어나올 때가 있다. 버스는 급하게 멈추지만, 왠지 자갈길로 좀 더 밀려나가는 느낌이다. 버스 승객들도 "어~!", "아~!" 덩달아 소리를 지른다. 이러한 아찔한 순간은 이미 열 번은 넘는 것 같다. 두 차량이 마주치면 도로 폭이 넓지 않으므로 한쪽 차량이 후진해서 여유 폭이 좀 되는 공간을 찾아 한 차량이 정차한 후에 다른 차량이 옆으로 살짝 비켜서 지나간다. 명줄 줄어드는 소리 들린다. 이거 안 되겠다. 서둘러 내 지갑을 뒤진다. 명함 한 장을 꺼내 '후'에게 건네준다. 내 보험 담당자 명함이다. "만약에 말이야… 만약에…" 한국으로 국제 전화 거는 방식도 반복하면서 설명해준다. "국가번호는 82이고…"

　　이제 하루만 더 달리면 운남성에 들어간다. 오늘은 꽤 많은 비가 온다. 고산 지역이라 하루에도 날씨가 몇 번씩 바뀐다. 꽤 변덕스럽다. 비가 왔다가, 우박 비슷한 게 왔다가, 햇빛이 쨍쨍거렸다가, 갑자기 돌풍이 불기도 한다. 휴게소 비슷한 데서 좀 쉬고 있는데, 어라? 가던 차들이 돌아온다. 같은 버스에 탔던 사람들끼리 수근거리고 분위기가 어수선해진다. 이거 느낌이 안 좋다. 도로가 끊겼다 한다. 그냥 예전처럼 흙무더기가 빗물에 쓸려 내려와 길을 막았겠지 생각하고, 구경차, 우리 패거리는 과자 봉지 몇 개 사 들고 도로 끊긴 데로 걸어가 본다. 허걱. 이번에는 많이 크다. 바위 무더기다. 사람 크기만 한 바위도 있다. 딱 봐도 중장비가 필요한 작업이다. 포크레인 부르고, 트럭 부르고, 사람 부르다 보면 작업이 일주일은 걸릴 거 같단다. 난감하다. 우리 패거리는 그 현장에 둥그렇게 모여 토론을 시작한다. 각자의 최종 목적지와 남은 여행 시간 등을 확인한다. 아무래도 티베트로 갔다가 되돌아오는 여행자들이 대부분인지라 다들 일정이 타이트한 건 어쩔 수 없다. 멈출 수 없다. 우린 걸어야 한다. 춥고 비바람 불어도 우린 움직여야 한다. 이론상 하루 정도 걸어가면, 운남성 초입의 시골 마을로 갈 수 있겠다고 한다. 그곳에 가면 다른 교통 수단이 있어 연계해서 향후 일정을 쫓아가면 된다.

　도보 여행이다. 나의 모든 짐을 한 가방에 꾸역꾸역 쑤셔 넣는다. 큰 가방을 비옷으로 감싼다. 날씨가 바뀌면서 자주 비가 내려 소지품들의 방수가 필요하다. 걷기 편한 복장으로 갈아입는다. 나의 모자와 우산은 큰형과 '순'에게 사용하라고 건네준다. 방수형 외투도 걸친다. 운전기사는 버스푯값을 환불해 준다. 가방끈, 운동화 끈을 조여매고 운남성 방향으로 움직인다. 바위 무더기를 조심스럽게 한 명씩 넘어간다. 넘어가다 미끄러지거나 돌덩이 잘못 건드렸다가는 대형 사고 난다. 열 명 정도가 동행한다. 우린 이제, 걷는 것은 자신이 있다. 고산병 나은 지 이미 오래되었고 히말라야 산길도 무척이나 많이 걸어봤다. 격변 날씨에, 운동화도, 바지도 다 젖어간다. 온몸이 다 젖고 산길이 험난해서 지칠 만 한데도, 우리 동행자 친구들은 힘든 기색이 없다. 다들 꽤 무거운 짐들을 메고 걸어가는데도, 불평불만 소리가 없다. 농담을 주고받고, 노래 부르고, 춤추고, 깔깔, 킥킥 웃음소리만 들린다. 크게 웃다 보면 웃음소리도 메아리쳐서 우리 귀로 돌아온다. 이런 친구들과 함께라면 그 어떤 길도 함께 걸을 만하다. 아침부터 늦은 오후까지 온종일 걸었다. 어깨 부위는 무거운 가방 무게로 눌려 이미 붉어졌고, 무릎은 후들거리고, 허리는 마비 상태가 왔다. 다행히 평지 마을이 눈앞에 보인다.

　늦게 도착한 운남성 초입 마을. '순'과 함께 2일 1실 방을 잡고, 저녁밥 먹자마자 피로로 곯아떨어진다. 다음 날 아침, 큰형과 버스에서 만났던 라싸 친구가 우리 방문을 두들긴다. 쾅~쾅~쾅~! 문 두들기는 소리로 보아 꽤 급한가 보다. 문을 밀어제친다. 두 남자가 속옷 하나씩만 입고 발가벗은 채 서 있다.

"我们没有衣服了。小偷把我们所有的东西偷走了(옷이 없어졌어. 도둑이 우리 물건을 다 훔쳐갔어)."

옷, 돈, 지갑, 핸드폰, 신분증 등 다 없어졌단다. 자기네 말로는 잠들기 전에 손잡이 똑딱이 열쇠를 잠가 놓았는데도 도둑이 그 열쇠를 따고 물건을 훔쳐갔단다. 그 라사 친구 역시 장사꾼인지라 현금을 꽤 들고 있었는데, 그 많은 현금을 몽땅 도둑맞았다. 이런! 이 발가벗은 두 친구를 앞에 세워 두고 나도 급한 마음에 침실로 와 나의 짐을 확인한다. 여권을 확인한다. 있다. 베개 밑에 놓은 지갑을 확인한다. 있다. 복대를 확인한다. 있다. 휴~ 우리 방은 안전하다. 왜 그렇지? 차이가 뭐지? 아 그렇구나. 쓰러져 자면서도 어젯밤에 똑딱이 열쇠도 누르고, 체인 열쇠도 걸어 놓은 나의 무의식적 행동이 우리를 살렸다. 여행 중에는, 잠들기 전에 체인을 걸어 놓거나, 체인이 없으면 문 손잡이에 책이나 물통을 올려놓곤 했다. 혹시나 도둑놈들이 문 따고 들어오면 소리 나게끔 해놔야 잠이 온다. 나중에 경찰이 달려와 조사를 하지만, 이미 없어진 물건을 찾을 방법이 없을 리요, CCTV가 있는 숙소도 아니고, 지문 감식할 의향도 없어 보인다. 그냥 무성의하게 조사서만 적어 간다. 그 친구들에게는 악몽이겠지만, 이른 새벽에 문을 두드리는 발가벗은 두 남자의 모습을 상상할 수 있겠는가? 어디 코미디 프로그램에나 나올 만한 장면이다. 웃프다는 말이 이럴 때 쓰나 보다. 미안합니다, 위로해줘야 하는데 그 장면이 계속 떠올라 속으로 웃고 있어서요.

운남성 한 터미널 안에서, 캠코더를 소매치기당했다. 버스를 기다리며 내 오른쪽 옆에 가방을 두고 책을 읽던 사이, 그 가방 안에 있던 작은 카메라/캠코더가 사라졌다. 어떻게 그게 가능했지? 내 시선이 책에 꽂혀 있는 그 찰나에 훔쳐간 건가? 가방은 분명 내 몸에 붙어 있었는데, 참말로 시간을 멈출 수 있는 초능력자였던 건가? 차라리 다른 물건을 훔쳐가지, 아니 하필이면 그걸 훔쳐갔을까? 여행 시작할 때부터 찍어 놓은 사진과 동영상이 잔뜩 들어있었다. 내가 현금을 줄 테니 그 카메라/캠코더 돌려주면 안 될까? 젠장! 여행 초기에 사진, 동영상 몇 개를 웹사이트에 올려놓긴 했지만, 그거 빼고는 따로 파일들을 저장해 놓지 않았다. 아, 속상해~! 그 수많은 영상 자료와 함께 나의 추억들을 그 소매치기가 들고 튀었다. 아이참, 다시 티베트를 가야 하는 이유가 생겨 버렸다.

어느 날 저녁 '후'가 내 방에 들어온다. 딱 보아 하니 울상이다. 여자 문제인가? 아닌가 보다. CD 한 장을 보여준다. 카메라의 메모리 용량 한계로 사진들을 CD에 따로 구어 놓곤 했는데, 오늘 열어본 가방 안의 CD가 그렇게 아주 예쁘게 절반으로 또각 조각나 있었단다. '후'는 울고 있다. 나도 소매치기당한 카메라/캠코더 때문에 울고 있다. 동병상련.

봄날이었다. 반 담임 선생님이 학생들에게 질문한다. 이 세상에 가장 빠른 동물이 무어냐고 묻는다. 학생들은 답한다. "사자", "호랑이", "치타", "개" 등등.

나는 대답한다.

"是小偷(소매치기입니다)."

여행 마무리

운남은 깨끗하고 사람 맛나는 전통 도시들이 많다. 샹거릴라, 리쟝, 따리, 쿤밍 등. 지상낙원처럼 신들이 살 만했다는 샹거릴라, 물 건너 양쪽으로 길게 길게 늘어선 기념품+식당+술집 천국의 리쟝, 그리고 따리. 비바람에 깎여 또 다른 장관을 보여주는 돌숲. 덥기로 유명하고 스케일 큰 볼거리들이 널린 쿤밍 주도. 서안에 가기 앞서 이쪽으로 오길 잘했다.

리쟝 숙소에서 小真(샤오전, '진')을 만난다. 딱 봐도 한눈에 '진'이는 좀 사는 집안 딸임을 알 수 있었다. 평민 같진 않다. 액세서리 그리고 입은 옷매무새를 보면 귀티가 절절 흐른다. 그런데, 하는 행동이나 말하는 습성을 보면 순수 그 자체이다. 세상 물정 모르는 귀한 집 딸 느낌이랄까? '진'이는 西安(서안) 출신이고 지금은 휴가 기간이란다. 소극적인 성격인지라, 그녀의 말소리는 매우 작다. 웃을 때 눈이 반달 모양으로 변하고, 아직 어린지 볼살이 그대로이다. 만난 지 몇 분 되지도 않았는데, 믿기지 않게 나와 데이트하며 리쟝 거리를 걷고 싶단다. 와우, 땡잡았다. 이런 영광이 나에게도 온다. 영광~ 영광~ 영광~. 시냇물 따라 입구부터 저 위까지 훑다 보면 시간 가는 줄 모른다. 화려한 색채의 예쁜 중국식 건물들이 줄지어 있고, 별의별 장식품, 기념품들은 관광객을 충분히 유혹한다. 남자, 여자를 떠나서 쇼핑에 푹 빠질 수밖에 없다. 나도 목걸이를 사고, 팔찌도 사고, 반지도 산다. 요즘 여성 호르몬이 분출되어 쇼핑 시간이 즐겁다.

어느덧 해 질 녘이 되어, 저녁 먹거리를 찾게 된다. 고소한 냄새, 향긋한 냄새가 이곳저곳에서 넘쳐 난다. '진'이가 한 식당의 2층으로 가자고 한다. 난 항상 그랬듯이 미인의 노예다. 미인 말 매우 잘 듣는다. 따라간다. 일찌감치 2층 창가 자리를 우리가 차지하고, 저녁을 먹기 시작한다. 한참 죽치고 앉아, 둘이서 수다 떨다가 할 이야기 없으면 지나가는 사람들 구경이라도 재미있다. 해가 지고 거리의 등들이 서서히 밝혀진다. 빨강, 노랑 알록달록 등들이 거리를 꽉 채운다. 사람들이 취기가 좀 올라오나 보다. 그러더니, 맞은편 식당에서 중국어로 뭐라 뭐라 외쳐댄다. 노래 부르나? 그러더니 우리 식당 쪽 사람들이 뭐라 뭐라 외쳐댄다. 어라? 저쪽이 또 뭐라 뭐라 외쳐댄다. 우리도 뭐라 뭐라 외쳐댄다. 계속 끊임없이 주고받는다. 아, 이런 놀이가 이쪽 동네에 있구나. '진'이는 이런 놀이를 이미 알고 있었지만, 아는 체하는 게 쑥스러워 내게는 아무 설명 없이 나를 2층으로 끌고 갔던 게다. 일부러 창가 자리 상석을 선점하기 위해 기다리고 기다렸던 게다. 모기 목소리 '진'이도 재미가 있는지 같이 따라서 선창, 후창을 한다. 나는 이 군중들이 뭐라 하는지 잘못 알아듣겠다. 중국어인 거 같기도 하고, 아닌 거 같기도 하고. 그냥 나도 '랄라랄라~ 나나나나~!' 하고 흥만 맞추어 외쳐 준다. 재밌다. 이 친구들 이러다 정말 밤새우겠다. 흥이 겨우니, 이날 마시는 맥주가 더 맛있다. 몽롱한 등 조명이 취기를 더한다. 취기가 꽤 올라와 어떻게 숙소로 갔는지, 잠자리로 갔는지 기억도 나지 않는다. 한껏 취했던 밤이다. '진'이는 전화번호를 적은 쪽지를 내게 건네준다. 내가 서안을 지나간다고 하니, 서안을 지날 때 꼭 연락하란다. 또 만날 수 있을까, 이 아름다운 여인을? 전화번호 쪽지를 지갑 속에 구깃구깃 넣어 둔다. 설렌다.

제2부

보너스 트랙

캐나다
토론토 영어 연수
이야기

(중국 연수 끝나고 바로 캐나다로 향했다)

　왜 영어를 배우러 갔을까? 중학교부터 대학교까지 교과서대로, 정규 과정대로 나름 열심히 따라갔는데, 결국엔 말 한마디 못하는 죽은 영어, 정말 쓰잘데기 없는 영어가 영어의 전부인 줄 알고 그렇게 믿고 살아왔다. 우리나라 영어 교육에 관해서 할 말 많다. 그따위로 가르쳐왔다. 형편없는 교육 과정인데 지금도 바뀌지 않는 교육 시스템이 한심하다. 문법, 어휘력 중요한 건 알겠는데, 회화, 듣기가 우선되어야 하는 건 아닌가? 그다음에 확장해야 하는 게 아닌가? 들려야 말할 수 있고, 말할 수 있어야 소통이 되고, 그다음에 어휘력을 늘리고, 심도 있게 독해하고 문법 따지는 거지, 십 수년간 단어 양을 늘리고, 주어, 동사, 목적어, 문법 형태를 수학 공식처럼 달달 외우고, 읽기 속도를 늘리는 게 최우선인 줄 알고 참 오랫동안 속고 살았다. 게다가 미국식 영어 위주로 가르치는 게 이상하다. 영국식 영어를 쓰는 나라 수가 훨씬 많고, 적어도 영국식과 미국식을 섞어 가르쳐야 하는 거 아닌가? 아시아 국가 중에 미국식 영어를 가르치는 나라가 어디 있는지 찾아보자. 필리핀? 그리고? 답답하다, 답답해. 이러니, 그 비싼 돈 들여가며 학원을 찾고 외국으로 가는 거다. 외화 유출이 아깝지만 어쩔 수 없는 거다. 기존 교육 방식대로 영어 배워서 외국 친구들과 식사를 하며 3분, 5분 이상 대화할 수 있는 사람이 몇이나 되는지 궁금하다. 과연? 바꿔야 한다. 바꿔야 한다. 이미 시작된 국제화 시대, 영어 수업을 바꿔야 한다. 실용적인 듣기 말하기 실력을 판단할 수 있도록 평가 시험이 바뀌어야, 학교 교육 과정이 이에 따라 조금이라도 바뀔 것이다. 동적인 언어 교육 수업을 먼저하고 책상에 앉아서 하는 정적인 학습은 나중에, 정말 나중에 필요한 사람들만 해도 된다. 책상에 앉아서 암기만 했던 그 문법, 어휘들, 시간 지나면 다 포맷되지 않던가? 말할 기회를 더 만들고, 듣기를 더 심화해보자. 시체 영어를 버리고, 살아 있는 영어를 배우고 싶어서 지구를 반 바퀴 돌아 한참을 달려왔다.

장편 소설을 써도 되는 영어 교육에 관한 비평은 여기서 그만 접어두련다. 소시민인 내가 무얼 하겠나? 미생 삶을 우선 벗어나고, 흙수저 팔아 동수저라도 구비해야 하는 처량한 신세다. 그러고 나서 세상에 대놓고 더 비판해 보련다. 여하튼 현재는 전공을 불문하고 영어가 필요한 시대이고, 제2외국어, 제3외국어 할 수 있으면 덤이다. 먹고 사는 데 적어도 영어가 장애물이 되어서는 안 된다. 기회를 찾기 위해서 지구 반 바퀴, 한 바퀴, 열 바퀴도 더 돌 수 있다. 영어 회화 불가능자로 낙인 찍혀 무덤까지 가기엔 너무 억울하다.

방에 들어선다. TV, 라디오, DVD 기기와 음향시설이 있다. 예상 밖이다. 최대한 영어에 노출되어야 한다는 생각에 토론토 도착하자마자 TV와 DVD기를 구입하려고 마음먹었는데 호박이 넝쿨째 굴러들어왔다. 천정까지 닿는 대형 크리스마스트리가 방 한쪽을 차지한다. 오늘이 7월 29일. 크리스마스까지는 4개월 25일이 남았다. 안녕 트리야~!

'메리 크리스마스~!'. 스케이트 신발 한 컬레도 그 옆에 놓여 있다. 겨울이 오길 기다려야 한다. 어여 스케이트 타고 싶다.

영어 사냥 시작, 상고급반

분반 시험을 본다. 먼저 문법, 어휘력 문제를 푼다. 난 며칠 전까지 중국어를 배워왔고 중국 땅에 있었다. 광활한 티베트 풍경이 아직 눈에 선하다. 영어에 대한 감은 한참 저 바닥으로 뚝 떨어져 있었다. 그 다음 구술(말하기) 시험을 본다. 라틴 친구 2명과 함께 인터뷰를 한다. 간단한 대화가 오고 간다.

"How are you(어떠세요)?"

"Very good, thanks(좋아요. 감사합니다)."

"What's your name(이름이 뭐예요)?"

"SeongOk Choi(성옥, 최입니다)."

"Where are you from(어디서 왔나요)?"

"I'm from Korea(한국에서 왔습니다)."

"Why do you study English(왜 영어를 공부하나요)?"

"Because I'm interested in foreign languages(왜냐면 저는 외국어들에 관심이 많습니다)."

"Which parts of English are you interested in(영어의 어떤 부분에 관심 있으세요)?"

"Listening and speaking. The others are not important to me now(듣기, 그리고 말하기. 현재로서는 다른 부분은 덜 중요합니다)."

"Can you understand TV programs(TV 프로그램 다 이해하나요)?"

"Not all(전부는 아닙니다)."

시험관이 시험지에 무어라 적는다. 'High advanced level'. 뭐라고? Beginner, Intermediate, Advanced, 그리고 그 위가 High advanced level이다. 의외네? 나도 한참을 놀랬다. 고등학교 때의 주입식 영어가 아직 남아있나? 그러기엔 너무 오랜 시간이 흘렀다. 외국어 학습은 몇 년 혹은 몇십 년간의 장기전이다. '영어 며칠 안에 정복하기', '영어 이 것만 알면 다 한다' 따위 식의 광고로 책을 팔아온 저자들을 혐오하지 않았던가? 그 저자들도 쓰레기 영어와 함께 쓰레기 차량에 집어넣자. 자극적인 내용으로 노이즈 마케팅이라도 해서, 책 판매고 늘려 수익을 올리려는 게으른 장사꾼들이다. 비판의 목소리가 너무 컸다. 여하튼, 과하게 받은 그 평가 결과는 매주 2~3회 모여서 수년간 같이 공부 했 던 영어 스터디 그룹 덕이다. 정기 모임을 100% 영어 회화로만 했다. 3 시간 땀 뻘뻘 흘려가며, 머리 쥐어짜며 정기적으로 회화 연습을 했다. 말만 3시간이지, 그 준비하는 시간들하고, 그 모임 후에도 자극받아서 연습하고 연습한 시간을 합치면 어마어마할 것이다. 또한 그 모임에는 미인들이 많았고, 영어 잘하는 친구들도 많아서, 나의 바닥 치는 영어 수준에 불구하고, 용기를 내어 맹목적으로 참가했다. 미인과 같이 공 부하면 학습 효과가 올라가는 건 '진리'인가? 내 눈에는 다 이뻐 보인 다. 다 미인이다. 금사빠 질병 환자이다. 금방 사랑에 빠지는 위험한 남자이다.

설령 영어 테스트 결과가 낮다고 해서 창피해할 이유는 없다. "Eve-ryone was once a beginner."(모든 사람은 한때는 초보자였다) 기초부터 얼마나 내실 있게 학습해 나가느냐가 유학 성공의 관건이라 생각한다.

외국어 학습에 '거만', '자만'은 절대 금물이다. 본격적인 영어 학습에 나선다. 시험 마치고, 걷는 토론토 시내 정경이 구석구석 고급스럽다. 아자! 아자! 널 가질 수 있을 거야!

공원만 찾아요

어학원 수업은 8시 30분에 시작해서 오후 1시 30분에 끝난다. 회화반 친구들인데도 수업이 끝나면 도서관에 가는 친구들이 더러 있다. 난 도서관을 아예 가지 않는다. 수업 끝나고 핫초코를 마시며 가능하면 더 많은 사람들과 대화를 나누었고, 열심히 영어 방송을 들었다. 북경에서도 열람실에 들어가 중국어 공부한 적이 한 번도 없다. 전공 관련 공부할 때는 도서관을 애용하지만, 회화 중심의 외국어 공부할 때는 도서관과는 거리를 두는 게 맞다. 게다가 도서관에 앉아 어학 공부를 하면 수면제 먹은 듯 몇 분 안에 곯아떨어진다.

캐롤, 홈스테이 친구들과 저녁 식사하면서 방과 후 일정에 대해서 서로 묻는 날이 있었다. 오후에 사라지는 나를 보고 어디를 그리 가느냐고 묻는다. 나는 공원에 간다고 대답한다. 나의 취미는 공원 산책이라고 말한다. 토론토에 있는 공원 이름을 모조리 다 대니 신기하게 바라본다. 공원을 찾는 이유는 이렇다. 열린 공간에서 책을 읽고 말하고 싶은 마음에서이다. 토론토의 여름, 가을 날씨는 환상적이다. 나무 그늘 아래나, 풍경 좋은 위치에 있는 벤치에 앉아서 책을 읽노라면 시간 가는 줄 모른다. 수업 시간에 배운 자료하고 스크랩한 신문 기사들을 소리 내어서 읽는다. 큰 소리로 읽는다. 그러면 잘 외워지고, 발음도 나아진다. 머리보다는 입과 귀를 이용해서 영어를 배운다. 우리는 지나치게 책상에만 앉아서 우리의 뇌세포를 고문해 왔다. 앉아서 익힌 언어는 곧 잊는다. "망각은 신이 인간에 내려 준 최고의 선물." 반복해서 많이 듣고 많이 말하자. 모로 가도 서울에 가면 되지만, 기왕이면 지름길로 가보자.

존 케이 만나다

학생의 입장에서 최고의 선물은 최고의 선생님을 만난다는 것이다. 존 케이(John K)는 이 어학원에서 만난 나의 세 번째 담임이다. 앞선 두 반이 강사의 반 변경과 학생 수 부족 등의 이유로 통폐합되면서 새로운 강사 '존'이 우리 반을 맡게 되었다. 이 강사는 예술 경지에 다른 베테랑 강사이다. '존'은 그리스 출신으로 아주 어릴 때 캐나다에 이민 왔다 한다. 아직 그리스 시민권을 가지고 있고, 그리스에 집이 있어 언제든 다시 돌아갈 수 있다고 한다. 헐, 혹시나 부동산 부자 아닌지 몰라. 한때 패션모델이기도 했다는데, 강의실 뒤쪽에 모델 때의 사진들이 걸려 있다. 폼난다. 외관이 괜찮다. 출석부의 나의 이름을 부르는데 쉽지 않나 보다.

"쎄웅옥 초이, Nice to meet you."

'존'은 학생들의 어떤 질문에도 성실히 답변해준다. 단어 설명, 문법 해석, 문장 구성 등 모든 질문에 열정을 다해 답변해준다. 그 어학원에 그 당시 50여 개의 반이 개설되어 있었다. 그 어학원에서는 4주마다 강사 평가를 한다. 강사 평가가 끝난 다음 날 첫 수업 시간에 '존'은 학생들에게 감사의 메시지를 던진다. "Thank you~ Thank you." 자신의 강사 평가 점수가 최고란다. 우린 박수를 쳐준다. 당신은 최고 점수를 받을 충분한 자격이 있습니다.

'존'은 내게 고마운 존재이다. 내 발음이 틀리면 또박또박 교정해주고,

대화 중에 틀린 내용은 나의 노트에 세세히 적어 가면서 차례차례 지적해준다. 기억력도 좋아 그 많이 틀린 사항들을 일일이 다 기억해내 나에게 알려준다. 성공적으로 영어 연수를 마칠 수 있었던 모든 공은 '존'에게 돌리고자 한다. 수료하는 날, '존'을 껴안으며 말한다.

"Thank you, John. You are the best teacher that I've ever had!"

'존'은 이날 9명의 점심밥을 다 계산했다. 안녕, 존~! 너무 고맙습니다.

인턴 하고 싶어요

이 어학원을 선택한 이유가 강남 유학원의 추천과 더불어, 이 어학원에는 인턴십 프로그램이 있다는 것을 사전에 확인했기 때문이다. 석 달 정도 어학원에서 영어 배우고 나머지 석 달 정도는 현지회사에서 배운 영어 활용하면서, 캐나다 회사의 업무 분위기와 일하는 문화를 조금이라도 맛본다면 이론과 실습이 병행된 효율적 어학연수가 될 수 있을 거라는 기대가 있었다. 다행히 인턴십 프로그램 지원 자격이 된단다. 오후 수업 끝나고, 그 프로그램에 지원하기 위해 어학원 4층 사무실로 찾아간다.

"Excuse me, sorry to bother you. Can I ask you a question(실례합니다. 방해해서 미안한데요. 질문드려도 될까요)?"

"Yes, please(네, 말씀하세요)."

"I'm very interested in the internship program. Can I get any information here(인턴십 프로그램에 관심이 있어요. 여기서 정보 좀 얻을 수 있을까요)?"

"OK, can I ask you where you are from(오케이, 어디 국가 출신인지 물을 수 있을까요)?"

"Yes. I'm from South Korea(네, 저는 한국에서 왔습니다)."

"We have a counselor whose name is Mike right there. He may be able to help you(저희는 저쪽에 '마이크'라는 상담자가 있습니다. 그분이 도와줄 수 있을 겁니다)."

"Good, thanks. I appreciate your help(좋습니다. 감사합니다. 도움에 감사드립니다)."

"Excuse me, the other counselor told me that I needed to come here to ask about the internship program. Am I right to come here(실례합니다. 다른 상담원이 말하길 인턴십 프로그램 문의하려면 여기로 와야 한다고 하던데요. 여기 오는 게 맞나요)?"

"Yes, please. What can I do for you(네. 무엇을 도와드릴까요)?"

"Do you have any specific article about the internship program(인턴십 프로그램에 대해서 어떤 특정한 자료가 있나요)?"

"Sorry, no. Can I ask your name(미안합니다. 아니요. 이름을 물을 수 있을까요)?"

"My name is SeongOk Choi(제 이름은 최성옥입니다)."

"How do you spell your name(스펠링이 어떻게 되죠)?"

"SEONGOK CHOI."

"아! 한국 분이시구나."

이렇게 해서 마이크(Mike)를 만났다. 토론토에서는 다양한 국적의 사람들이 모이다 보니, 자칫 타 아시아인을 한국인으로 판단하는 실수를 범하곤 한다. 마이크는 군대를 마치고 바로 캐나다로 넘어온 의욕 넘치는 한국 친구이다. 토론토에서 대학을 다녔고, 이곳에서 무언가 해보고 싶어서 넘어왔다고 한다. 캐나다 도착한 후 바로 참가한 영어 분반 시험에서 기초 입문반으로 배정받아 자기는 꽤 황당했다고 한다. 한국에서 영어 학원도 다니면서 딴에는 열심히 유학 준비를 했다는데 기초 입문반 소식에 충격이 좀 컸다 한다. 마이크는 나의 금요일 친구가 되어준다. 매주 금요일 저녁이면 코리아타운에 가서 같이 맥주 한잔을 한다. 주문하는 맥주는 항상 같다. Stelxxx Artxxx.

처음 마이크를 만날 때 나는 북경 오페라의 캐릭터 티셔츠를 입고 있었고, 티베트에서 구입한 목걸이를 길게 걸치고 있었다. 마이크 눈에는 내가 일본인으로 보였다고 한다. 마이크 바로 옆에 일본인 상담원이 있어서 일본 학생이 마이크에게 질문을 해오면 보통 바로 옆 상담원에게 토스를 한다고 하는데, 이날은 일본 상담원이 어디 갔었단다. 이 어학원에서 인턴십 관련 문의는 한국인으로서는 내가 최초란다. 원래 밴쿠버에 있던 인턴십 프로그램이 이쪽 토론토로 넘어오는 초기 세트업 단계인데, 광고지도 이제 뿌렸고 관련 공개 세미나도 준비 중이란다. 시작 단계이지만, 자기네들과 연결된 에이전시가 괜찮아 인턴십을 곧 시작할 수 있을 거라 말한다. 다음 날 항공권 들고 토론토 국제공항으로 찾아가 귀국 일정을 연기한다. 전화상으로 항공권을 연기하기에는 겁도 나고, 나의 듣기 능력이 아직 버겁다. 학원 수업을 마무리하는 마지막 달에 에이전시 협조로 내 이력서를 영문으로 작성하고, 몇몇 회사에 내 이력서를 보낸다. 관심 있는 업체 세 곳과 인터뷰를 하게 되는데, 그중 한 곳은 소식 없고, 한 곳은 떨어졌다 알려왔고, 다행히 마지막 업체에서 콜이 들어왔다. 그런데 그 업체는 지금 머무는 집에서 두 시간 거리에 있다. 한참 멀다. 토론토 동북쪽에 있는 조그마한 소프트웨어 전문 업체이다. 통근 시간이 부담되어 그 회사와 한 시간 거리에 있는 홈스테이로 이사하고자 시도를 했다. 옮긴 홈스테이는 정말로 최악이었다. 방문 위아래로 공간이 트여 있어 방 바깥에서의 소리가 다 들리고, 화장실 물 내려가는 소리가 벽에서 울리고, 제공되는 식사는 최저급인지라 차라리 사 먹는 게 나았다. 이틀 자고 옮겼다. 캐럴네 집으로 다시 돌아갔다. 구관이 명관이다. 통근 왕복 총 4시간이어서 처음엔 부담이 됐지만, 이동하는 시간에 신문 읽고, 숙면도 취할 수 있어 금방 익숙해졌다. 칼퇴근인지라 제때 집에 돌아오게 되니 별 부담도 없었다. 소프트웨어 프로그래밍은 오랫동안 해온 일이라 부담이 덜했는데, 한 가지 걱정되는 건 그 회사에서 사용하는 프로그래밍 언어가 내 전공 언어가 아니라는 것이다. 초심으로 돌아가서 다시 배우자. 새로운 언어, 새로운 작업 환경이라 모르는 게 너무 많아 옆 동료에게 자주 물어본다. 덕분에 제3외국어를 배운다. 회사 동료의 절반이 중국인이다. 나의 양옆에는 상해 출신의 컴퓨터 엔지니어 두 명이 자리 잡고 있다. 그리고 중국인들끼리는 중국어로 대화한다. 한 사무실에서 영어, 중국어, 컴퓨터 언어의 공존. 제3세계다. 새로운 경험이다.

연말 크리스마스를 포함해 10여 일간의 겨울 휴가가 시작된다. 일종의 종무식 날로, 그해 마지막 근무 일이다. 오전만 일한다. 아침 회의 때, 사장 레이(Ray)가 나보고 퇴근하기 전에 잠깐 자기 보고 가란다. 뭐 할 말이 있다고 한다. 레이가 나에게 크리스마스 카드 하나 줄려나 하고 그냥 편안히 넘겨짚었다. 퇴근 전 사장실을 찾아갔는데 레이는 자리에 없다. 레이 딸만 있다. 아빠 어디 갔냐고 물어보니, 호응이 없다. 점심 먹는데 포크가 없다고 투정을 부린다. 휴게실 가서 포크 하나 찾아 건네준다. 얼마 후에 레이가 돌아왔다.

"Anything to talk to me(제게 말할 것이 있나요)?"

"Yes. Let's talk in my room(네. 제 방에서 이야기하죠)."

"OK. I already checked that I could present a gift to an intern worker like you. Do you have a bank account in Canada(오케이, 제가 인턴에게 선물을 줄 수 있다는 걸 이미 확인했어요. 혹시 캐나다에 은행 계좌가 있나요)?"

"No. Unfortunately, I have it only in Korea(아니요, 한국에서만 계좌가 있습니다)."

"Then, can you receive this check(그러면, 이 수표를 받을 수 있나요)?"

"I guess so, maybe(아마도 그럴걸요)."

일정 금액이지만 개인 수표를 크리스마스 선물로 나에게 준다. 당연히 크리스마스 카드보다는 수표 선물이 낫다. 하하. 외외다. 직원들끼리 연말 잘 지내라 하며 포옹, 키스하고 버스 정류장으로 향한다. 평소 같았으면 버스 전철 안에서 시체놀이를 하면서 졸고 있을 텐데, 이날 집으로 가는 버스, 전철에서는 졸리지 않다. 기분이 좋아서 웃고만 있는다.

인턴 끝나는 1월 마지막 주, 레이는 넓은 식당 테이블을 예약하고, 자기 전 직원을 부른다. 나의 환송 식사를 해준단다. 영광이다. 일개 인턴이고 정식 계약관계가 아닌 일종의 비정규직 직원인데 이렇게 배려를 해준다. 가장 비싼 스테이크를 사준다. 맛있다. 안심? 등심인가? 다같이 먹는 비싼 고기는 맛있다. 공짜라서 더 맛있다. 입에서 녹는다. 디저트까지 다 챙겨준다. 레이는 나에게 질문을 한다. 레이는 내 이름 발음이 어려워, 그냥 Song이라 부른다.

"Song, why did you start this internship program(성옥, 인턴십 프로그램을 무슨 이유로 시작했나요)?"

"I wanted to experience the work place in Canada(캐나다에서 일자리를 경험해 보고 싶었어요)."

"How long have you lived in Canada(캐나다에 얼마나 오래 살았나요)?"

"It is becoming six months soon(곧 반년 됩니다)."

"What will you do after the program(이 프로그램 후에는 무엇을 할 건가요)?"

"I will go back to Korea(한국에 돌아갈 예정입니다)."

"Don't you want to have a job in Canada(캐나다에서 직장 구하고 싶지 않나요)?"

"No. Thanks. I want to go back home(아니요, 감사합니다. 저는 집에 가고 싶습니다)."

"Then how can I hire you? Will you come back to Canada soon(그러면 내가 당신을 어떻게 채용할 수 있나요? 캐나다 곧 돌아오나요)?"

안타 제대로 쳤다. 고맙게도, 레이는 나에게 정식 채용을 제안한다. 지난 3개월 동안 내가 진행했던 업무들의 결과를 좋게 평가하고, 직장 행동들을 긍정적으로 보았다고 한다. 외국인 채용하는 방법과 예상 기간을 이미 조회해봤다 한다. 신문 채용 공고를 해야 하고, 노동청에 신청해야 하고, 그리고 대기 기간 등등… 아, 어쩌지? 안타깝게도, 난 이미 심신이 많이 지쳐있었다. 가족이 그리웠다. 우울한 날이 많았다. 향수병이 들었다 할 수 있겠다. 미안하지만, 한국으로 돌아가고 싶다고 말하며 레이의 제안을 정중히 거절한다. 레이가 서운했겠다. 이민 오고 싶어, 캐나다에 살고 싶어, 직장 구하려 발악하는 사람들이 줄을 섰는데, 심사숙고해서 한 제안을 거부하다니… 미안합니다. 잠시 쉼표를 찍고 싶습니다. 충전의 시간이 필요합니다.

제3부

나만의 외국어 공부 스타일

자격증 취득이나 중요한 시험 목적으로 공부하는 건 여기에 해당하지 않는다. 단지 살아 있는 회화, 듣기 중심의 언어 능력 향상 목적으로의 학습 방법을 말한다.

도서관 가지 마라

차라리 외국인 바나 클럽을 가서 대화를 더 해라. 외국어 공부하는데, 엉덩이를 도서관 의자에 붙여 놓고 뭐 하는지 모르겠다. 몇 시간 공부했다고 일기에 적어두고 자기 만족하는 셈인가? 뱃살만 늘어난다. 도서관에서 배운 단어, 문법들 며칠 뒤면 다 잊어버릴 텐데, 아깝다 그 시간이. 국가 자격 시험도 필기시험과 실기 시험을 병행한다. 이미 필요한 외국어는 중고등학교 때 다 배웠다. 이젠 실전이다. 용기를 내어 바깥으로 바깥으로 향하자~ 실습 현장을 찾아가 보자.

투자해라

세상에 공짜는 없다. 물도 콸콸 나오려면 마중물이 필요하리오. 적절한 투자는 열정과 광기를 불러온다. 책도 좀 사고, 어학원도 들려보고, 유학 정보도 얻어 보자. 아까워서라도 눈에 불꽃이 튀긴다. 항상 인터넷에서 무료 정보만 찾고 무료 어플만 찾아다니는 데 한계가 있다. 쉽게 들어온 손님은 쉽게 나간다. 게다가 공짜만 찾는 사람은 성공해도 베풀지 모른다. 그런 사람 멀리해도 괜찮다. 좀 더 나은 미래를 위해서는 과감해져라~

공부해야 하는 이유를 찾아라

외국어 공부해서 돈 더 벌고 싶다는 이유도 좋고, 진급하고 싶은 이유도 좋다. 외국인 여자친구 또는 남자친구 만들고 싶다는 이유도 나쁘지 않으리오. 가장 이상적인 목적은 자신의 꿈을 이루기 위한 수단으로서 언어들을 정복하고 싶다는 거겠지만, 당장 피부로 와 닿는 현실적인 이유도 나쁘지 않다. 세상과 대화를 하고자 하는데 너무 아름답지 않은가? 자기 성장을 위해 달리려 한다는 데 멋지지 않은가? 공부는 남는 장사이다. 언젠가는 써먹는다.

여행을 떠나라

집 떠나면 개고생이다. 개고생하면서 써먹어보는 외국어는 무덤까지도 함께한다. 여행을 하다 보면 자연스레 긴장하게 되고, 이런 상황들 속에서 익힌 생존 외국어는 절대 잊히지 않는다. 다른 피부, 다른 머리색깔, 다른 언어 사람들과 만나면서 나누는 그 신선한 대화 내용은 머릿속에서 반복적으로 되새기게 되고, 자기 전에도 흥분되어 한 번 더 되새기고 잔다. 여행을 통해 어학 실력이 늘어나고, 추억도 만들고, 행복 바이러스를 증폭하니, 백익무해이다. 여행가방 먼저 사야겠다.

자만하지 마라

　자만하는 순간 성장은 멈춘다. 자만한 자와 대화를 해보면 몇 분 안에 실망하게 된다. 배움에 굶주려 지속해서 갈망해야 하는데, 혀 좀 꼬고, 어디서 주어들은 저속 언어들을 써먹으며 자신이 멋있다고 생각한다. 우리의 목적은 고급 언어이다. 클래스가 다른 언어이니, 자만하지 말고 고귀하고 품격 있는 표현들을 되도록 많이 사용하고, 예절을 지키며 대화에 나서자. 언어뿐이리오. 겸손은 어디에서나 미덕이다.

서서 해라

　부득이 멀리 떠나거나 어학원에 갈 입장이 아니라면, 어디 서서라도 공부해라. 졸리지도 않고 집중도 잘된다. 그리고 기억도 오래간다. 서서 공부하는 책상 어디서 구할 수 있을까? 아니면 공기 좋은 공원이나 강가로 나가, 어물어물 말하더라고, 입을 열고 말하면서 언어를 익혀가면 금상첨화겠다. 운동도 되고, 넓은 장소에서 세상을 보게 되니, 마음도 편해지고, 밤에는 잠도 잘 온다.

세뇌하자

　재능을 타고난 일부 사람을 제외하고는, 외국어가 "아주", "무척이나", "꽤", "많이" 쉬운 과목은 아니다. 당연하다. 그럼에 불구하고, 우리들은 외국어를 놓고 살 수도 없으니 걱정이 이만저만 태산이다. 이공계 출신은 IT 혁명 이후 가까워진 세계와 소통하려면 외국어가 필요하고, 문과, 예체능계 출신은 애당초 외국어 없으면 못살아 먹고, 큰 무대에서 전투를 치르기 위해서라도 외국어를 곁에 묶어 둘 수밖에 없다. 어찌 저찌 되었던 외국어는 포기해서는 안 된다. 자기 자신에게 끊임없이 동기 부여를 해야 한다. 선물을 주든, 보상을 해주든, 사탕 발림 말을 자신에게 해가면서라도, 외국어와의 끈을 놓지 말자. 학습 동기가 부여되면, 노력하는 게 확실히 다르다. 외국어 잘해서 굶어 죽은 사람 못 봤다. 자기 전공과 더불어 외국어 좀 하면 멋진 옷을 입을 거고, 멋진 차를 가질 거고, 마음껏 세계 여행을 다닐 거고, 멋진 사람과 함께 멋진 집에 살 거라고 자기 자신을 세뇌해보자. 잘 되어서 부모님께 효도하고, 가족들과 자주 맛있는 거 먹으러 갈 거라고 더 유혹해보자. 그것도 반복적으로 세뇌해보자. 긍정의 에너지를 불어넣자. 물적 자금이 들어도, 더 투자해도 괜찮다. 나 자신에게 죄책감도 덜 들고, 믿거나 말거나, 가까운 미래에 더 큰 보상으로 돌아올 테니까.

운동하자

몸을 어디 바닥, 침대, 소파에 붙여 놓기만 한다면 그건 게으른 거다. 운동 열심히 하면 이처럼 득이 되는 게 없다. 그래야 일상생활이 건전하고, 무엇이든 집중 잘한다. 건강한 신체에 건강한 정신이라 하지 않던가? 운동을 좋아하는 친구들은 대부분 사교성이 좋다. 사람들과 섞일 줄 안고, 대화 나눌 줄 알고, 자신의 가치를 올릴 줄 안다. 뭐랄까? 이런 사람들은 생기가 있다고 해야 할까? 신선한 꽃에는 새들이, 벌들이 날아든다. 다양성을 경험한 사람들은 외국어에 대한 필요성을 더 느끼고, 더 열린 마음을 가지고 자기 성장을 한다. 머리로 지식을 얻을 뿐만 아니라, 몸으로 배우고, 마음으로도 되새긴다. 이런 친구들 외국어 실력 금방 는다.

에필로그

12월 31일. 마이크가 연말 파티에 나와 사만다를 초대한다. 친구들이 토론토 근처 별장에서 전야제 파티를 한단다. 별장 주인은 플로리다로 연말 휴가를 갔단다. 주인이 휴가 가기 전에 친구한테 차 열쇠와 별장 열쇠를 건네주고 연말에 마음껏 이용하라고 했다는데, 크억, 부자들은 다르구나. 이 글도 연휴 시작하고 줄곧 며칠 동안 밤낮 적어 내려가 어느덧 마무리된 바, 마음 편안히 이번 파티를 즐기자고 마음먹는다. 그해 마지막 날, 우리는 2시간 정도를 북쪽으로 더 달려 아름다운 별장에 도착한다. 야~! 입구에 들어가니 문짝부터 화려하다. 주방 테이블이 저 방 끝까지 길다. 식기들 디자인이 클래식하다. 유대인 가족이란다. 빌딩 몇 채 가진 부잣집이란다. 카펫 위에서 걷는 것조차 부담스럽다. 조용조용 걸어 다닌다.

모든 건 식후경~! 식기가 고급이던, 부엌이 화려하던, 우리에겐 삼겹살 구이가 최고의 사치다. 잘 구워진 삼겹살을 그 고풍스러운 부엌에서 냠냠 먹으니, 더 맛있게 느껴진다. 같이 온 타국 친구들도 삼겹살이 예술이라고 감탄한다. 평소에 돼지고기를 좋아하지 않는 사만다도 이날

만큼은 배 터져라 삼겹살을 먹는다. 지하 창고에서 꺼내온 와인은 우리를 더 즐겁게 한다. 삼겹살과 와인은 참 좋은 궁합이다. 그렇지 않아도, 집주인이 와인도 무한정 마시라고 했단다. 고급 와인인지, 저급 와인인지 모르겠으나, 공짜 고기, 공짜 술은 무조건 맛있다.

인도 친구가 버섯을 좋아한단다. 내 옆에 오더니 버섯을 구워달란다. 자기는 버섯 없이는 밥을 못 먹을 지경이란다. 산 사람 소원 못 들어주랴? 팽이버섯을 한 그릇 프라이팬에 부어 넣고 굽기 시작한다. 향긋한 버섯 냄새가 온 방에 진동한다. 다 구운 뒤 버섯 구이를 접시째 갖다주며 이렇게 말한다.

"Here is your washroom! Oops! Mushroom(여기 화장실 있어요. 앗! 버섯)!"

대폭소다. 방사람 모두가 웃고 자지러진다. 말해 놓고도 내가 우습다. Mushroom(버섯)을 Washroom(화장실)으로 말하다니⋯. 그다음에 버섯 요리가 나올 때마다 난 "Enjoy your washroom(화장실 즐기세요)!"이라고 말한다. 첩첩산중. 갈 길이 멀다. 영어, 중국어를 향해 몇 년을 마구 달려왔어도, 모국어가 아닌 이상 계속 노력하는 수밖에⋯.

보낼 것은 보내고 새것을 맞이하는 순간, 우리 친구들은 할 말이 많다. 모두 한 해 동안 바쁘게 살아왔고, 지난 일 년간 해보지 못한 것들이 너무 많아 참 아쉬워한다. 그래도 새해를 맞이하는 순간에 우리에겐 오직 웃음만 있다. 우리는 몽땅 사 온 폭죽들을 마당에 줄 세워 놓고 카운트다운을 한다.

"Ten!"

"Nine!"

"Eight!"

"Seven!"

"Six!"

"Five!"

"Four!"

"Three!"

"Two!"

"One!"

"Happy New Year~(새해 복 많이 받으세요~)!"

우리는 서로 꼬옥 얼싸안고 마음껏 웃는다. 영하 꽁꽁 언 마당에서 껑충껑충 뛰며 원을 그리고 신나게 빙빙 돈다. 새해가 좋다. 새해엔 무얼 할까? 무슨 꿈을 꿀까? 미생의 꿈. 다음 꿈의 장소는 어디일까? 머리가 아닌 마음이 이끄는 대로 따라가겠지? 꾸준히 그 꿈을 이어 나가겠지? 용기를 더 낼 수 있을까? 취한다. 오늘은 즐기자. 아름다운 밤이다. 여전히 심장이 뛴다.

제4부

영문판

To learn Chinese as an engineer

Prologue

There has been no doubt that it was difficult to learn Mandarin Chinese as an engineer and even as an Asian boy. This book is to show you how I prepared, moved to Beijing and studied Chinese for over 1 year. The result was that I started as a beginner and eventually finished as an advanced Chinese speaker in "E" level at Beijing Language and Culture University relatively faster than the other people. This book describes what the motive to begin learning Chinese was and what kind of environment could be good for linguistic improvement. Meanwhile, you will have a second-hand experience to travel to many places in China, Inner Mongolia, the borders of North Korea and China, and Tibet with good friends. I like to be called "Korean Gypsy", traveling like a nomad, singing and dancing with the free soul. I carry a portable speaker time to time to sing with friends in open areas such as a park or mountains. Whenever there is a party, my friends don't forget inviting me because they remember me as a Korean boy singing with a shouting voice and with bad vibration even in a sober state. I just like singing with friends although I know I am not good at singing.

Now, here in Europe, I am looking at the world covered with white snow. And meanwhile, I am editing this essay. It already has been 6 years and a half since I moved to Europe. Wow, time flies. And this essay was written exactly ten years ago. Ten years ago, I wrote this essay on Christmas Eve in Toronto, Canada. I am so lucky to have lived in Asia, America, and Europe. Where's next?

Why did you hate engineering students?

After finishing a language course at BLCU (Beijing Language and Culture University), I stopped by Korea to say hello to my family for several days and flew straight to Toronto to study English. And about a half year passed, now I am hitting the keyboard at one night in Christmas season. Was the laptop silver or black then? My memory also becomes as faint as silver. Did I leave the laptop at home, or at my brother's? I will find it in the future. There are lots of photos of happy memories that I made while traveling as a gypsy.

"Are you a traveler?"

"Oh, well···."

"Are you a linguist?"

"Absolutely not"

"Are you a sports maniac?"

"Kind of, I like sports."

"Don't you want to settle down?"

"I want to do."

My major in university was electrical engineering. I graduated from the university in the 9th semester although other friends graduated normally in 8 semesters. That time I was happy to graduate in the 9th semester because I loved and wanted to study engineering more. I liked that joy when I found a cause of the semiconductor malfunction in the small quality control lab or when I fixed a programming bug overnight and came back home with the chirping sound of morning birds.

There were 2 senior friends who majored in liberal arts. Every dinner time or whenever they drank beer, they always called only engineering students to their room and ignored us like dirty dogs. They looked down on us because they said that engineering students had a low level of conversation and language ability, and sometimes even abused us. Even though there was the same age of students of liberal arts at the boarding house, they forced the engineering students to do trivial and dirty works. Ah, What T F. I insisted that the economic growth of Korea for a long time had been based on engineering and the manufacturing industries which were the main source of the cash cow for Korean business contemporarily were also based on engineering. Nevertheless, they rather cursed me intensely that I was impolite and ill-mannered as a stupid engineering student. Since then, I started reading books as randomly as I could like mad, regardless of genre, such as novel, essay, arts, music, history, philosophy, psychology, and etc, whatever I saw. At the same time, I began to catch up with English books in order to prove that these senior friends were totally wrong having a prejudice about low language skills of engineering students. When it comes to studying a language, I memorized and memorized English vocabulary and grammar again and again at the library. And I studied hard at home according to the existing way of studying English disciplined by previous teachers and professors. But my English ability had not been improved vividly. Something seemed to be wrong. Unfortunately, there was nobody who could advise me on my poor language level. Then one day I got a fresh shock when I accidentally read the book "Do not study English at all". I was totally awakened at the moment. "This is right~!" There are a lot of things for me to say about language study, but let me save some words here in the prologue for later. There will be a serious criticism of the wrong education system in Korea somewhere in this essay.

I have not seen those senior friends again. There will be rare chances to meet them, but I would like to argue with them. Why? Why? Why did you ignore and scold the engineering students that time? I would say, "GO TO Hell~"

Anyway, thanks to these senior alumni, I got angry so that I have read lots of books furiously, and started to seriously study English. And, by chance, I incidentally read an impressive book written my role model and went to China across the West Sea. And I was brave to move to Canada for another challenge. Currently, my brain and body are mixed in verbal and cultural aspects. And I am happy to have a European girlfriend. She's wonderful.

Back to the time in Toronto, I received a movie ticket and a pair of gym pants as gifts for Christmas from home stay family. I ate plenty of sweets for a dessert and was having time to recall the whole past years lying on the bed peacefully in my room. Happy times in China and Canada ran well like a movie film without buffering. I got up from the bed suddenly. Well, what about writing a book about the journey in China and Canada? I thought it would be good to make a memorable recollection with 'pictures' and 'writings', and to produce an outcome that could recall memories for me, possibly for other people, to read it anytime and anywhere. I got more excited than seeing 'Red Movies'.

What could be the title? What story should I write? I started to think about essay materials. I turned on my laptop and ran the Excel program. I listed up the title candidates and articles. It was really convenient to use the laptop computer for writing. Being born in the digital age is so lucky. Then I stood up overnight designing the structure of the book and greeting Christmas. Hi,

Santa? Merry Christmas~!

Study in China plus Study in Canada, this choice was a silent but valuable hit like in baseball. I was safe at the first base. Since I was safe at the first base, people paid attention to me and started cheering for me. Even the opportunity to steal the second base was given. I got a chance!

We, who were born without a gold spoon, silver spoon or bronze spoon, are super busy paying the monthly rent, the banking interest, living expenses and so on. It is a glass wallet that our salary which we receive after working hard at days and nights disappear very quickly just leaving a record that the salary entered and went out all after paying tax, bills and mortgage loan. However, in order not to live as a dirt spoon permanently, we should do something but it is still not easy to do. There are a lot of thing binding us entangled. I don't want a home run. I just want to step on that first base after a small hit.

I walk into the batter's box with nervousness. It is very scary. Standing upright at the box, I look at the pitcher with a sense of vacancy. A fastball and a slide came. The balls took all my soul out, and it is already two strikes. What am I supposed to do? The pitcher bravely throws a ball in the middle of the box to make 3 strikes. It's a chance, a chance ball. I swing the bat with full energy. Swift~Hit~The ball passes between first and second base. It seems to be a hit - a hit by a dirt spoon and a hit by a poor gypsy. There will be no regret even if I run and die at the first base. I run to the first base to the death. I step on the base and look at the umpire to check the sign. He spread his arms vertically calling "Safe~!" It is a hit by a dirt spoon. Now I'm writing a story of this dirt spoon and Korean gypsy who has traveled to many places in China, Inner Mongolia, near North Korea and Tibet by himself. And I'll write a story about the positive possibility that anybody can be happy although he or she has suffered from trouble and agony in life. I've never expected a big hit or jackpot in Lotto. However, I presume that traveling with fun is much better than doing gambling in an enclosed casino. The dream of a Korean gypsy begins in a dormitory in Gyeonggi province, Korea.

-Gold spoon: a top class of people who inherited a big amount of fortune from parents, metaphor: they were born with a gold spoon and chopsticks given by their parents in their mouth

-Silver spoon: a middle class of people who inherited a proper amount of fortune from parents in their mouth

-Bronze spoon: a low class of people who inherited almost nothing, living fine.

-Dirt spoon: a poor and miserable class of people with debt or poverty.

Korea. The beginning of change

Books prohibited for workers

I started to read the "Non-possession" written by a monk, "BeopJeong". It was a book that anyone must have read in high school in Korea. For a long time, the words of the book still give a lot of enlightenment to me. I was reading a book quietly in the living room on Sunday morning when a roommate asked me,

"What book are you reading?"

"Ah, it is 'non-possession' by the monk, 'BeopJeong'."

"Really? Be careful! That book is prohibited for workers from reading. Hahaha"

"A book prohibited for workers from reading", I laughed at it loudly. According to the friend, when readers read this book, they might feel the fact that they possess excessively too much, and their motivation to work was likely to deteriorate. No possession, no possession. My roommate's saying was right. I was possessing too much more than I needed.

As the company was located in the south of Gyeonggi province, there were many opportunities for me to read books on buses heading to and from Seoul, the capital of Korea. On the way to meet a friend in Seoul, I often dropped by a bookstore in Gangnam. I used to wander there like a hyena desperately to look for food. In the bestseller list, I found a book written by an actress, Kim Hye-Ja, "Do not beat children even with flowers." 'Flower' means beauty and 'Beating' is an activity for punishment. It seemed to be an inconsistent phrase, but this unique title already captured my attention. There were a lot of parts in the book here and there to be pathetic. And the book helped me to understand the global poverty issue which was not known commonly before. The photographs were too much realistic. I purchased the book without hesitance. I started reading the book from the scratch again in a subway. It was so addictive that I couldn't stop. I continued reading it on the subway going from Gangnam to Daehakro. I already had a blush on my face by sadness. In the end, drops of tear fell through my cheek. I was busy wiping my tears on the subway fully packed with the crowd. The lives of refugees couldn't be such miserable. Compared to them, I was so lucky and happy to have something more. "If you had something to eat in your refrigerator, clothes to wear, and a house to block the rain, your living would be better than 75% of the people on the earth." I realized that I had been living in over-luxury. 'Flower' mercilessly beat my heart again and again to wake me up from greed.

I bought a book written by an activist, "Han Biya" a long time ago. On New Year's Day, I visited my hometown and took the book with me, whose title was 'Travel log in China'. When I was in college, I was attracted by that book and also heard about some people who went to China impressed and motivated by the book. I think Hanbiya has a wonderful ability. If you read her book, your courage will rise, and the blood of your enthusiasm and passion will boil in your body. I recall the language course of liberal arts, which was of 3 credits in college. One professor mentioned like this. "You would cry in and laugh out if you learn German. You would laugh in and cry out if you learn French." What about Chinese? You would cry in and cry out, too. In some ways, Chinese has similarity to Korean, so you might laugh at the beginning. But once you started studying, you would be frustrated by many Chinese characters. Even if you memorized Chinese characters and Chinese intonation hard, but after a few days, your brain would be reset and initialized because human's memory is innately volatile. And while rushing toward the intermediate and upper level of Chinese language, you would fall in despair because of the difficult written Chinese and countless dialects. You would get depressed and generally give up learning Chinese at that stage.

I got three strikes struck out by three books, "Nonpossession", "Do not beat children even with flowers" and "Travel log in China", which were metaphorically banned for salaried employees. One spring day, I quietly submitted my resignation letter to my boss and told him I wanted to go to China, also wanted to learn different cultures.

I needed to be brave and courageous but I was still a beginner to do well to say good-bye. It was hard for me to say goodbye to my colleagues and couldn't help but feel sorry for my colleagues who were the smiley angels with hidden wings. They always cheered me up and treated me as a valuable person although I didn't deserve it. They gave me a gift box with a postcard with cheering messages. It was a pair of high-quality black sneakers. The pair of shoes meant that I wore them and walked on the world bravely and energetically. My face was blushed at a farewell dinner and I tried to hide my tears for the gratefulness. Because we give a 'meaning' to somewhere, somewhere becomes a place of our own memory. That postcard and sneakers already gave me the strength to begin my journey. I carry them all the time in my bag.

I tighten the straps of sneakers and get ready to start the first step on the journey. With my short and short legs, I will walk across the ground of world till the sneaker's bottoms get worn out. Let's do what I want to do. Even if I know I would regret sometimes, I'll try first and then regret it later. Isn't it already pleasant that I can leave for somewhere while other friends are hesitant to do? Ah, my heart is pounding.

Goshiwon's rooftop is my private stage

(A Goshiwon is a very small room that students live in while studying for an important test or if their normal home is far from their school. Shower rooms and toilets are mostly shared. The room size is 3 - 12 square meters generally.)

I, a country boy, moved to Seoul, the capital of South Korea for an academic purpose some years ago. I was proud to live in a capital whose population was over 10 million. I sometimes boasted of my living in Seoul to my hometown friends. I wanted to be a city boy. I used to make up to look like a sophisticated city man. But I couldn't avoid having an aura of a country boy. I packed a cosmetic mask sheet and I tried to put BB cream on my face to look like an urbanite. It seemed not much effective. Currently, I feel fine to be called a "country boy", and moreover I sometimes ask my friends to call me "country boy". Thanks to my itchy feet, I have wandered a lot of cities in the world. Wherever I go, I feel like home. I set already the second hometown and the third hometown. And I am looking for the fourth hometown. A college friend asked me. "Isn't it time to settle down?", "You should be good to my parents by settling down," I replied to him. "Can I just postpone it for a while? I will settle down someday. However, there are too many things to do. So the priority to settle down is constantly pushed back on the list."

I did not own a house in Seoul, so I had a thought that I might temporarily stay at friend's house. However, I suddenly changed my mind to stay in Goshiwon (very narrow room accommodation) for about 2 months. I just had 2 months before going to China and I didn't want to disturb my friends. In addition, I had well lived in Goshiwon before. Furthermore, it would cost a lot of money to study abroad, so it would be nice to save in advance as much as possible. It was just a coincidence that I chose a Shillim-dong where was famous as an examinee district. While I was worrying about where to stay for 2 months, I saw a map of Seoul subway and simply went to Shillim-dong. I walked out of Shillim-dong subway station and selected one room of a Goshiwon where the indoor facilities looked fine. In the narrow Goshiwon room, a very tiny space remained for me to lie down after I unpacked my luggage. Wow, it's so small. But my dream was much big instead.

Whenever I returned to Goshiwon after Chinese classes at Gangnam Station in the morning, I headed straight to the roof of the Goshiwon. The reason was like this. Due to the poor environment of the Goshiwon, I couldn't practice Chinese in the room. I easily heard the sound from the next room. I could hear all of the sounds such as bed creaking, slipper dragging, computer keyboard beating, kissing with a girlfriend, and also air breathing. It's better to study on the rooftop without being sorry for other people. I felt comfortable to make a loud sound freely on the roof. I shouted and repeated Chinese sentences I learned that day. You can imagine the view from Seoul, Shinlim-dong, a Goshiwon, a rooftop, and a young boy who's shouting and singing alone towards the sky desperately. Can you draw a picture? Daily reading Chinese books loudly turned into big fun. The rooftop of Goshiwon had become my own and private stage. Furthermore, a spectacular view of the springtime with cherry blossom in a nearby park was an additional gift while studying. It's so beautifully white and pink. The warm wind blowing on the roof always smiled at me.

China 1. Minor league

As always like the first time

My favorite phrase was 'always like the first time'. It's a title of a song, and it's also a phrase written on the cloth in calligraphy which my previous company president gave me as a gift when his company got bankrupt.

'As always like the first time'.

I remember clearly the 'first' day of leaving for Beijing. The tension caused by a new challenge gave me positive energy. I could feel the relativity of the length of the time when I was in a tense and difficult moment. Although it took about 2 hours to get to Beijing airport, I felt like a full day had passed because of a lot of thoughts, plans and anxieties came up to my mind. As I stepped out of the arrival exit of Beijing airport, I looked for a signboard which was supposed to be held by my agent. An uncle looking man, who might be in his late 40s, was holding a signboard in Hangul (Korean Language). I approached him. He was holding the signboard upside down. It was fair for him not to know anything about Korean language as a native Chinese person. I helped him to flip the sign over. The agent looked like a country farmer. He was the first civilian who I met in China. I tried to talk to him in Chinese. Erm, erm, um, um. It was difficult to understand what he said. I listened to him again with full concentration, but I failed again. Don't give up! I tried to talk with him with the help of an electronic dictionary about the economic effects of joining WTO and the Beijing Olympics which were contemporary issues that time. I wondered how to say the Olympics and WTO in Chinese. Oh no~ It was my fault. I chose too difficult conversation topics which were far beyond my ability.

There had been nobody who mentioned to me there were countless dialects in China. I was shocked by the fact that even Beijing, the capital of China, had a dialect. If you consider the size of Chinese territory, you would think it is natural that there might be multiple dialects in China. China covers one-quarter of Asia's area and one-fifteenth of world's area, positioning the world's third largest land area. Yes, it was like that. There exists a variety of dialects in China. Haven't I experienced I felt strange when talking to a person coming from another province in Korea? If you are a Chinese learner, the existence of various dialects will be a part of the frustration for listening comprehension in the near future. I had a chance to talk with the locals in a small city located in 3 hour driving distance. Only a short sentence came and went between us, and I found out it was almost impossible to communicate. We had a miserable conversation. That time, I sensed there'd be a long way to study Chinese. I should buy a drill and drill my ears to help accelerate my listening skills. It'd be good if the drill could be the solution for understanding plenty of dialects.

Unlike other days, only one student through that agent arrived in Beijing today, which was me solely. It seemed he drove his private car. While he's driving, I was surprised by the size of the roads. The width of the roads heading to the city of Beijing was really wide. Billboards with advertisements of Korean companies were often caught in my eyes. The sunshine was very strong. And it was so hot. I heard that in China, there's a regulation that workers should stop working and rest if the temperature exceeds 40 degrees. While I had been living in China, even on a hot summer day, the high temperature was forecasted as 39 degrees. I had not seen 40 degrees at all. Isn't it a cheat key?

39 degrees of summer at Beijing Language and Culture University

An exam is always thrilling. I had NO information about the level test. In what kind of form would the test be? Would there be a written test? What questions could I be asked if there'd be an oral test? I should have investigated beforehand before I came to China. Laziness was always a problem. On the way to the exam place, I saw people from dozens of countries. Wow~! If you looked at the different hair colors and the different skin colors, you'd realize the craze for learning Chinese all over the world. It was interesting to hear Chinese spoken by Westerners. It was awkward. One day a Mexican friend asked me.

"Do you know what a banana is?"

"Isn't it a tropical fruit?"

"No, look at that. Those friends over there are bananas, who are different in appearance and the language"

He said we had to peel the skin to know the inside. There were a lot of bananas. The number of imported bananas could be an example of the craze for learning Chinese.

The exam supervisor asked me.

"你 学习 汉语 多 长时间了 (How long did you study Chinese)?"

"两 三个月 (two to three months)."

I didn't know that the studying period was an important factor in the decision for levels. I got B + class. There were A, B, C, D,

E, and F classes, so my level was just above the beginner's level. I was happy that I got B+ level in spite of the short period of studying. The teachers were great. One grammar teacher and one conversation teacher were in charge of my class. The grammar teacher was a professional teacher, and the conversation teacher was a graduate student of the same college. Especially, the grammar teacher was 'Example bomber'. Many examples were given in detail. Generally, beginners can't easily understand Chinese grammar. However, if you listened to her explaining repeatedly with a lot of examples, you'd become to understand it eventually. She must have been one of the great masters in grammar.

No matter how good you are, there's always someone better. Running man > walking man, flying man > running man, and enjoying man >> flying man. If you enjoy, the speed to master a language can be much accelerated. I can say I enjoyed a lot regarding Chinese. I was like a person who was drugged up. Daily 4 hours of from 8:00 am to 12:00 was "happiness recharge time". Especially, every moment that I got understood by Chinese teachers was extremely exciting to me. Sexual pleasure couldn't be compared. Whoa! It was fun to be there.

Even if Chinese language virus dominated the classroom, the classroom for 10 minutes of a break turned into another world of another language. It was an 'English' classroom. More than half of my classmates were English-speaking. Although we were in Beijing to learn Chinese, we couldn't ignore the importance of English. In addition, there were many multilingual speakers. INV them. I couldn't help envying them. Would the day of being multilingual also come to me? I'd like to believe it.

After the class, the sun became my good friend in the 39 degrees of weather. My skin was dark enough, but the sun might have wanted me to have darker skin. It was a feeling of being cooked by heat in the oven. However, the refreshing feeling of going home after a good class made my footsteps light. The energy of positive thoughts was my 'come back home' buddy. It was a cool summer for me in happiness despite the high temperature.

Inner Mongolia frog

When's the last time I saw the stars in the sky? I didn't know until I arrived in Mongolia that the sky's full of stars. We'd been busy every day without any moment seeing the sky. What are we so busy? Let's catch a star.

Inner Mongolia is a land of high latitude and also a high altitude, it is cold even in summer when the sun goes down, and it gets really cold by night. I wanted to get ready for the cold before departure for Inner Mongolia. It was not easy to find winter clothes in the summer of 39 degrees. I visited three large stores, and I ran through every corner of stores. Later then I could find only a long sleeve of shirts. But an overall coat or jacket wasn't seen. How could I do with the cold in Inner Mongolia? I was worried.

I took a group bus to Inner Mongolia. Meadow, yellow hill came into my eyes. The scale got bigger. In the daytime, the land was heated with the strong sunlight, and in the evening, the land went cold drastically below zero like a metal pot. After the dinner party, we went out of a Mongolian tent grabbing a bottle of beer. I paused for a moment and watched the sky. It's awesome. The stars glittered beautifully. The stars looked very big and seemed to be right in front of my nose. I thought it would take a lifetime to count the stars one by one. We had been watching the sky together for a while, and then we started chitchatting in sets of 2 to 3 people.

The wind blew cold. Unfortunately, I was wearing shorts without any jacket. Girls started crying out for the cold. The nice view was the nice view, but nobody wanted to die of the cold. We came back to the tent in a hurry. We began to sit around in the tent and talk and talk. The laughter didn't stop. The topic covered from a simple thing to a complicated one such as a life plan and dreams. We didn't recognize how the time flew that night. My skin felt the cold air. If there's no alcohol, I'd freeze to death. Alcohol is beneficial time to time in life.

The next day dawned bright. The sun shined all over the place. The horizon was far away there. The color of the horizon changed from green to lime green, and to white, and to gray. The end of the horizon was like the line. The early morning air was very refreshing. Clean air poured into every corner of my lung and made my somatic cells happy. It's a clean oxygen tsunami.

Some friends went riding a horse. Meanwhile, we headed to the nearby lake. As we got closer to the lake, the smell of horse discharge attracted us more. Our nose was amused by the smell of poop. As the surrounding area was a wetland, so frogs ran randomly around here. David, Emmitt, my roommate K and I went on a hunt for a Mongolian frog. I had never expected to hunt frogs in my life. Even in Inner Mongolia···I searched frogs hiding under the stones. At first, I tried to catch them without any tool, but I found out that it was not easy to grab them. We were so fat. We're Homo sapiens descendants. Let's use a tool. We found some plastic bottles and we cornered Mongolian frogs by making noise from all directions. When the frogs approached the target point, we captured the frogs with the plastic bottles. Success! I got two frogs. 'WOW SO UGLY!' The frogs whose skin color was mixed with green, lime green and red were mysteriously ugly. Were they fashionistas or individualistic trendy frogs? We proudly showed the frogs to our female classmates. We acted immaturely like little boys. After show-off for a while, we released the frogs. Thank Mongolian frog. We appreciated it to you for playing with us on a boring morning. Bye~ Salute~

If you saw the prairies of that vast Inner Mongolia, you might have had an urge to run. You'd see the natural running tracks over the prairies. Four of us decided to run. The starting point was the hilltop and the finish line was near the lake. It was well over 100 meters. Three, two, one, go! Have those friends run fast before? They ran like athletics. Oh, and there were poops all over the place. I was busy avoiding poops and jumping over wet spots. You can guess it was a messy game. I did my best to catch them up but I wasn't good enough. I was the last. It was the running race sponsored by Mongolian frogs.

Shrine Baekdu Mountain and the first meeting with North Korea

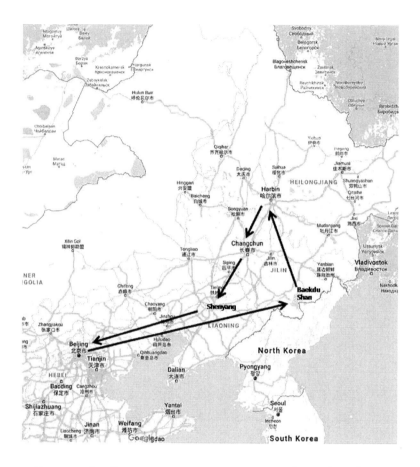

One month of summer semester was over. Some friends continued another summer session in the following month, some friends planned traveling and the other friends immediately returned home. I always get indecisive to decide where to go because there are too many places to visit. As a nomad and a gypsy, I couldn't miss such a good opportunity to travel. The destination was a challenge. I picked up some cities. What could be the route? Heading to north, south, west or east? The answer was easy. I had had a dream to go to one specific place in China since the time I came to China. It was Mountain Baekdu (Chang-bai Shan)! It's the holy mountain which appears in the lyrics of our national anthem! "Donghaemulgua Baekdusan i" (The East Sea and the Mountain Baekdu are…). I got to go there. It's my destiny to be there. I was so excited.

First thing's first. I needed a train ticket. I went to a sales booth at a train station to buy a ticket to a city near Baekdu Mountain. She said "'没有 (Mei you, no ticket). I went to another booth but wherever I went, I just heard "没有 (Mei You, no ticket)." That's still two weeks before the departure. How could be sold out? It didn't make sense. Since I felt unusual, I talked to one of my Chinese friends and asked why. Damn it! He said tickets for famous tour-ist attractions were generally purchased by travel agencies on the 1st day of ticket selling. They bought the tickets and resold them with agency fee. Oh dear… I couldn't compete with the local agencies. There's only one solution for that. When in Rome, do as Romans do… I contacted an agency and asked to buy a ticket. Their profit was about one-fifth of the original ticket price. Any-how, I wasn't sure when I would have that kind of opportunity again? Let's be positive~ I grabbed some cash for the ticket.

That time, I was expected to travel alone again. I'd love to pro-test that I also had many friends who could travel with me. I wasn't a loner. Here's one question. Would it be lonely if you travel alone?

"Alone does not mean lonely."

I left Beijing and took a couchette (a train with beds) to a city called 'TongHua' for about 17 hours. After then, I transited to a seated train running for about 7 hours. Chinese passengers who I met in the same partition didn't stop giving me food and beer although I was a stranger to them. I kindly refused to receive, but those Chinese friends passed any food to me with a nice smile. The warm-hearted people are everywhere. What I had in my bag that time was just one roll of bread and one cup of instant noodles. I felt sorry, but I had nothing to give to those friends in return.

I arrived in a village called "二道白河, Erdaobaihe". At the exit to the train station, a Korean Chinese took a glance at me and talked to herself in Chinese.

"太丑了." (Tai Chou le, ugly or dirty)

When she saw my baggage and my style, she might have rec-ognized that I was Korean, and she approached me to advertise her accommodation, of course, regarding me as a rich Korean who couldn't understand Chinese ... Let's be grateful that at least she figured out that I was a Korean although I was exhausted because of the long-term train trip and looked like homeless with the grey beard. She smiled at me as if nothing happened and told me in a very good standard Korean.

"We have a good place to stay. Please come."

It's disgusting. She said a moment ago that I was ugly in Chinese but welcomed me as a potential client in Korean. 1 month of Chinese summer semester was complimented at least by understanding some basic expressions. I decided to live calmly those days not causing any issue. Just passing by her with no comment was the best solution.

I was so tired and I'd collapse soon. I got a cheap hostel near the train stop and took a rest for a while. I got hungry so that I went to a restaurant. I chose a menu of Korean BBQ coming with Miso soup. My stomach became warm thanks to the normal Korean food. I'd go to Baekdu Mountain the next day! I would go. My eyes would be happy to see Mt. Baekdu soon. Nevertheless, excitement couldn't disturb fatigue. I fell asleep drastically.

Unfortunately, a half of Baekdu Mountain belonged to China. It's also called 'ChangBaiShan' in Chinese. It was said the half of the mountain was sold to China for political purpose. But it wasn't proved officially. Anyhow, I'd be a mountain climber today. I accompanied three Korean female college students who stayed in the same hostel. An SUV brought us to the entrance of Changbai Falls. It's time to go up through stairs and a tunnel next to the steep Changbai Falls. It usually took the average person about 40 minutes to climb up, but the speed to climb up with those students chitchatting was quite slow. Since I was with young and pretty girls, I wouldn't mind if I went up more slowly. It's worth walking slowly. Ha-ha. As soon as we got to the top of Changbai Falls, the sound of the waterfall suddenly disappeared and the surroundings became quiet. I could only hear the sound of streams. Cliffs were seen on both sides. A thousand years ago, lava might have flowed through those waterways. It's a superb and grand view like the landscape of the Lord of the Rings. The flow of the stream flowed so elegantly in tranquility. Thanks to the great scenery on the way to Chonji ("Heaven Lake"), the fatigue of the leg muscles disappeared so that I could move my footsteps pleasantly. The view was just NOBLE. Because I was Korean, it might be my heart was beating more and I was more emotional there.

My shoes were all wet with mist rain and all my body was so wet that I felt a chill. A monument written as "Chonji" came out remotely. Wow. It's Chonji Lake. It's right there! When I reached, Chonji was cloudy in gray. I waited and waited for about two hours. "Blessed are those who wait..." Clouds slowly moved out. Literally, 'The sky was open'. The clouds were gone and it was clear enough to see the opposite side. It's North Korea. I could see North Korea very closely. North Korea was right in front of me. How many people in the world might have chances to North Korea in their life? Miraculous~

A Korean-Chinese who was next to me kindly explained things to female college students. I kept my ears open. It's a free lesson. He provided some advanced and useful information. He explained what kind of peak it was, what meaning it was, what that was and what that was. The people over the world are always so kind to FEMALE college students. It seemed true. I envied them.

I was staring at the North Korean territory for long. If there had been a high-speed train, I might arrive here from Seoul in 5~6 hours. On the contrary, in reality, I took an airplane from Seoul to Beijing, took an all-night train for about 26 hours and took an agent car to come here, Chonji. I detoured too far. It seemed there was an air route from Seoul to 'Yanji' and buses were running from Yanji to Baekdu Mountain. It's SAD to detour and detour not coming directly from South Korea although North Korea and South Korea were the one country. I grabbed the water with both hands. It's pretty cool. Many thoughts came and went. My brain also got wet with much meditation.

One of the college students asked the Korean Chinese about the stones floating in the water. She said she heard about them from somewhere and wanted to bring the floating stones to her parents. Stones float in water? The Korean Chinese grabbed a handful of stones in his hand and threw them at Chonji Lake. Then the stones floated in the water. What? How was that possible? Was it a new physical phenomenon? It's mysterious~ Do stones float in that shrine lake. I stared at the stones. Oh~! When the volcano occurred, the air entered the lava and buoyancy for stones increased. That's why. I also grabbed some stones and threw them at the water. I imagined I would boast those stones in front of my family when I got back to Korea.

Because I enjoyed a 2,744-meter-high cold weather in the rain too much, I started having the runny nose. Not before long, cold throat joined and my body began to be out of control in fever. Because I carried only summer clothes, I couldn't do much about keeping my body warm. Although I took quite much cold medicine, I didn't see much effect. A trip to Northeast 3-Province had begun with the troublesome flu and muscle pains in my body tragically.

Goguryeo Old Castle, and the Princess tombs of Bohai (Bal-hae)

After I finished my trip to Baekdu Mountain, I draw a counter-close wise circle and decided to go around the Northeast of China. A Korean friend I met at Baekdu Mountain handed me a piece of paper, which had some data on the excavation site of Goguryeo and the sites of princess's tombs of Bohai. This friend had traveled clockwise, as opposed to my travel in the Northeast region starting from Baekdu Mountain. My journey just began, but that friend's journey was about to come to an end. The moment I got the piece of paper, my heart started to shake. The travel book I took originally from Beijing was all about sightseeing with lots of pretty pictures, lots of things to eat and lots of places to check in. My mind began fighting between leisurely sightseeing and visiting the historical sites. Well, I'd go sightseeing next time. My mind and my body had never known of comforts and relaxation. I was pretty sure that the sites of history must have been more meaningful. The paper didn't have any specific location information about the excavation sites, but only a few names of villages. Wasn't it to find a needle in a haystack? I doubted whether I could find them by myself in the unknown region. In addition, I just entered the beginning stage to learn Chinese some weeks ago. Whatever it is! A brave heart can get a beauty.

Goguryeo and Bohai (Balhae) are a part of Korean history. Goguryeo was the country that the King Jumong established over the territory of Manchuria. HaeDongSeongGuk (="Flourishing Land in the East") Bohai claimed that they were the descendants of Goguryeo, and ruled huge Northeast Asia. I could face the history back by more than 10 centuries if I found these historical sites. "You can see and discover as much as you know." I regretted that I had not studied Korean history hard. If I knew more, I could have more things to say about. Anyway, it was a total luck that I could seize an opportunity to take steps to explore and probably stand on the historical sites later. My heart already left for the sites, which pulled me strongly like a magnet to iron, although my body boiled in fever and I had a severe runny nose.

I had dinner with other travelers at a B&B the day before leaving for the sites. There were several dancers of Korean Orchestra overheard about my journey plan of the next day. Then they told me they would like to join my journey to the history fields. These dancers were touring in Yanbian province for the purpose of cultural exchange between Korea and China. Because their concert already finished, they had considered for a tour in near cities before their returning home. Female dancers were too beautiful to have that harsh and dangerous journey. A glance at their milky skin and classy looks showed that they were foreigners in 0.001 seconds. They looked like angels totally different from me, a dirty gypsy. They'd be a big burden to me if they joined. From the time I arrived in China, I had already been warned that it's very dangerous to expose me as a foreigner especially in rural areas. What should I do? My Chinese would hit the limit in the shortest time, and those people were too beautiful. Tension wrapped me up. The risk to be taken was too great. I didn't give them an affirmative answer to because I knew the seriousness. The dancers told me again that they wanted to join. I took a time to think again. Hmm. Whatever~ I didn't care! What would happen would be what would happen. I approved. Then their facial expressions were brightened.

The time given to us was only one day. We left the B&B early in the morning. On the bus, we started asking around about Goguryeo's Old Castle and Bohai's Princess tombs. When I asked one or two people, the other people around me got interested and gave me a piece of advice. I was grateful to them. They told me to get off at a very small rural village. A small size of transportation was needed there. I negotiated with a tricycle driver. The things that I learned at the fastest speed in China were the vocabulary and sentences related to "bargain". Those were the most frequently used in real life. Not to be ripped off, it was compulsory to memorize expressions related to bargain. If there was an HSK test only about bargaining conversation, then I'd get the highest score. I used the negotiation skills there, too. I and the driver started a tough negotiation. It took a while. Ping pong, ping pong, and ping pong. Hmm. I better use the last hidden card. I pretended to give up on this driver and leave the place. Only then the driver stopped the negotiation and said Okay. Finally, the price determined! It's time to get set, ready. Let's go!!!

We asked every person about the castle in every town. The driver desperately behaved as a soldier on the battle field. At last, we went into a small village with few houses. Our tricycle seemed to be a fine limousine there because the village was like a deserted place. It's a very underdeveloped area. The villagers pointed at a castle over somewhere saying it's an old castle. I didn't see it well at first glance. It's hard to find it at a distance. I rubbed my eyes once again and looked closely. Oh right. That's right. Old Castle was disguised as being covered with ordinary rice fields. The shape of the rectangle at a regular interval with the stones lying in the middle of the rice field proved that a huge castle had been there a long time ago. It's huge! We heard that it had not been long since the excavation began. We walked closer to the castle to appreciate the scene better, but the villagers told us to leave that village very soon. We're even pushed to leave. They said when foreigners were found in this village, they'd be in trouble. Really? They warned us not to turn our head and leave immediately. We put a lot of efforts to come there, so how could we leave in such a short time? My feet didn't want to move. The villagers told us to come back to visit the museum after the excavation would finish in the future. It's sad to move forcibly.

It's said that the excavation wasn't the joint work between Korea and China. Although I didn't expect the excavation by Koreans only, the excavation solely by the Chinese team was quite surprising. It'd be a too excessive concern by old-fashioned man, but I was worried if it'd be a properly implemented excavation without Korean archeologists. It was doubtful whether the information acquired through the excavation could be used as a part of the history book of our country. On the way out, we passed by the stone monument written in Korean "Goguryeo Old Castle" at the entrance of the village. We're so excited when we got into the village so that we couldn't notice the monument.

Our next target was the Princess tomb of Bohai. Just like the way we searched for the old castle, we hunted the second target through random asking around. The repeating process makes things easy. We saw the signboard of the Bohai JeongHyo Princess in a stone monument. We found! We coincidently met an orchard owner, who had seen the excavation. He said that the excavation work was almost done. That one was also solely done by a Chinese excavation team. He said only final touch was underway that time. He helped us to find the tomb. He's kind. The tomb was located in a short distance. Because my heart was pounding too much, I felt I got numb. My heard kept beating. We climbed up a rainy hill and shortly reached the excavation site. The site was already dug underground deeply and currently covered by a black wrapping material to prevent from the rain. Oh, no! It's too messy to be called as a historical excavation site. Heavy rain might damage the site! I got upset. Shouldn't it be maintained well and isolated well to preserve the site as original? The rain continued dropping since the early morning so that the excavation team didn't come to the site. And there's nobody to ensure the security of the site. Anyhow, we're lucky to be there at the right time. I checked some articles about the excavation of historical sites on the internet after the trip, there're some articles criticizing poor management of excava-tions. We should be more interested in that kind of activities. Even by allocating more taxes, we must do digging our historical sites with our own shovels because Goguryeo and Bohai (Balhae) were countries of Korean history.

The prince of the Bohai touched my heart thoroughly. It's the sacredness itself that I saw the site there with my own eyes. It's a good choice to go there. On the way back, we passed through another excavation site, which was recently discovered in the cornfield, presumed to be one of the Bohai royal family. That tomb was different from the underground tunnel style of a tomb as Jeonghyo princess'. Once again, my body was overwhelmed by the Korean blood. I and the Korean dancers were breathing at the site where we probably would see in history textbooks. The accompanied dancers were sadder to leave the scene than I was. They might be impressed seriously because they had a vocation more related to Korean culture. I took a picture of the surrounding scenery with my eyes like a panorama view. It took me all day to soothe the sadness to say goodbye to the ancient history.

I don't belong to Korea. Hi, North Korea again~

I stayed in Yanji for a while because of flu. One day I planned to go to Tumen region. I assumed that the name of the Tumen River ("Duman River") originated from the name of that region. The owner of B&B called at her nephew who had passed the university exam having much time. She asked the nephew to be my daily guide. It's unusual to have a day trip with a guide. It's ok at least I became less bored and wouldn't get lost somewhere.

The owner was Korean Chinese. She's worried and stressed that her nephew could hardly speak Korean and had no will to learn Korean voluntarily. She hoped that her nephew would be motivated to learn Korean through the daily trip with me that day. She thought it'd be better for the nephew to go out rather than watching TV all day at home having nothing to do. I was pretty sure my handsome appearance and the brilliant smile would motivate her to start learning Korean right away. Hmm. Sorry~ I made a crazy comment. I had a serious cold. The cold might have damaged my brain.

I called the phone number given by the B&B owner. I couldn't quite figure out what the nephew said on the phone. It seemed she spoke an alien language. I wondered if the drill I ordered to improve my listening skill already arrived at home.

"火车站 门口, 火车站 门口 (entrance of the train station, entrance of the train station)."

I told her over and over like that, and she said she'd come and find me. A girl appeared after a while. Aha, you were the one. She was a small young girl. After making a nice greeting, we took a small taxi in front of the train station. It rained. We'd see the raining Tumen River. "Duman Gang (Tumen River), blue water~ rowing boatman~" It's a part of an old song. She paid for a taxi ride. What? I already felt sorry that she gave me a daily guide today, but she also paid for a taxi? It shouldn't be like that. I put a bill in her pocket, she refused. I did it again, she refused. She's strong. How could I let her pay? But it wasn't successful finally. It's a shame on me.

It's the second meeting with North Korea. That time it was over the muddy water. Over there was North Korea. Wasn't it 3 meters or 4 meters? It's really close. A rural village was there in a visible distance, and white smoke was coming out from a chimney of a village house. North Korean people were farming not really far. Near DMZ (Demilitarized Zone), on the border between South and North Korea, North Korea built apartments/flats for a promotional purpose and decorated them as if North Koreans lived well. But here, on the other side of the Tumen River, North Korea was not a fancy country, but an agricultural country as it was. It's a typical rural village. It seemed I could touch it with my hands and could say hello to the locals.

There're cross ("+") marks with hay along side with Tumen River. I was curious about them. The guide said⋯ Ah⋯ Those were the marks that North Korean soldiers were ambushed and they'd shoot at North Koreans who passed over the river to flee. It's said there used to be many dead bodies floating in the river killed by North Korean soldiers when there was a harsh drought and a severe feminine in North Korea. How poor they were. If somebody dares to do something considering a life or death risk, it means the situation must be deadly serious. What could be more tragic than the situation when a North Korean soldier pulled a trigger shooting at a runaway who might be his or her friend or family fleeing because of hunger? There could be no excuse. First, we should help them alive by giving rice, bread, and potatoes regardless of "politics", "capitalism", "communism", "democracy", or "socialism". "Humanitarian support" would be the proper word and shall be used in that case to make humans live first. We are all humans.

In the past, wasn't it one nation here near Tumen River? Korean was the common language, Koreans lived here and it was a Korean territory. But what now? I was having a Korean-Chinese guide who's a Chinese national, and I was Korean. We're of the same race. However, we were talking in Chinese Mandarin and seeing the North Korean land where we couldn't cross freely. There were three cultures and three countries. It's simply no way. I told the nephew

"你知道吗?以前这边属于韩国的领土 (Do you know this place was formerly Korean territory)?"

"怎么可能, 我没听说过呀 (How could it be?)"

"要是这个地方将来变成了韩国领土, 你要不要当韩国人 (If here changed into Korean territory in the future, would you be a Korean national or not)?"

"要是这样的话我就搬家 (If it happens, I will move away.)"

We have to do something. We have to hurry up.

What happened to the three northeastern provinces?

I left Yanji and moved to Changchun. In Changchun, there's an ancient palace of "Manchukuo" (Mǎnzhōuguó, 滿洲國). There I visited an unexpected historical site. I introduce the story to you.

I went to Manchukuo Palace with friends who were translating volunteers. I encountered them somewhere sometime. Manchukuo Palace was the actual background of the movie "The Last Emperor". It's said that the emperor Pui suffered an unfortunate fate of becoming a puppet of the Japanese army. I had seen "The Last Emperor" several times. I walked around the old palace where he lived. It's a good idea for gypsy tourists like me to follow a guided group for free. We toured around a few buildings and went into a room without a specific notice, where a book was placed open on a table. A Korean Chinese guide explained. That room was the place where the emperor of Manchuria made an agreement to hand over the three northeastern provinces of Korea to China receiving financial benefits backed by Japan. What? What the hell? Oh no. That's where it was. My emotion suddenly turned into fury and anger. I couldn't help getting enraged. That's the place where the unfair agreement was agreed and signed. There's no "if" in history, but imagine that "if" the agreement had not been signed then, the present size of Korea would be enormous and vast. Isn't the size of one Northeast province equal to or bigger than the size of Korea?

How might each Korean feel like while passing through the room? I couldn't stop feeling bitter. Our country must be strong. The sovereignty belongs to the people, and the realization of strong self-defense is an essential project that should be carried out in our generation.

Can we regain that land in the near future? Can we merge the Three Northeast Provinces and Korea? I'm dreaming of a unified Great Goguryeo.

Classroom full of Flower, the first semester at BNU

I started studying at the flower garden at Beijing Normal University. It's the first half semester of the second grade. Except for five men including me, all other 16 students were female. After living in the world of men as in a male middle school, in a male high school, in an engineering college, in the military, eventually my life would be fully compensated with full of women everywhere in China. That's why the world is fair. Moreover, it's a paradise of the beauties. It's a very very good choice to be there. Studying environment benefited from the flower garden doubled the learning speed and efficiency. As good as it gets. Yay~ Yay~ Hurray! As a matter of fact, in linguistics and literature field, the gender ratio was shifted to the female side. I was very Okay with that. Every day was a beautiful day~!

Although I was a beginner, I always sat on the front seat.

Because of misunderstanding that a student who sat on the front seat might be an excellent student, I was selected as the classroom representative of the fall semester of 201-09 class (9th classroom of the 1st half semester of the second graders). I had not become a classroom representative since the elementary school period. It seemed I retired from politics for a while, and then I returned to the politics after a long time of thinking and consideration. The professor often called the representative. Especially when all students kept silent on a quick question, the professor always called the classroom representative. Shamefully I also mostly couldn't answer the questions and had been embarrassed many times. Actually, that embarrassment was one of the reasons why I was motivated to study harder. I needed to study harder not to be embarrassed in front of those beautiful female classmates. I wanted to show off by answering well to the questions. Haha. I felt like going back to school. I met only good students in the class. They even played with me regardless of age thankfully. It's my honor to be with them. And our class teacher was so great. He had lots of experience in Chinese education with unlimited knowledge both in China and abroad. He's also an author of one of our textbooks. Every second was more valuable if attending a class lectured directly by the author. Thanks to the best environment of flower garden and veteran teachers, I could enjoy my fall semester all the time.

Our class was mostly made up of students majored in either Chinese literature or sinology. I was the only student majored in engineering. The other classes had a few students whose major weren't related to China. The percentage of non-Asian and non-Chinese-majored students showed that there's a growing interest in Chinese in the world. The order is like this. First of all, students of language majors enter a country to pioneer, and students of the similar majors sequentially join the craze, and lastly, anybody rushes in. I belonged to the last group.

It's Shally's law. Good things continuously happened. For the first time in my life, I'd have a foreign roommate. My roommate was a Vietnamese. He's nice. Let's see what kind things I knew about Vietnam. The first thing that came up to mind about Vietnam was the Vietnamese War, and my sneakers were made in Vietnam, and... What else? I didn't know much about Vietnam. I was ashamed of my ignorance. Anyway, the roommate knew how to save cost. And he always got along well with his Vietnamese friends. We often helped each other. When he helped, I could see he did it sincerely expecting no return. No matter what I asked him, he never said "no" never once. And he laughed well. He always carried a smile on his face. That guy, was he an angel from the heaven? Seriously, he's an angel.

Basketball Trio

At about 3 pm, the cleaning staffs were busy cleaning the rooms in the dormitory building. I usually left the room empty not to interrupt the cleaning staffs, and I sat quietly on the fifth floor's sofa. One day, while I was reading a book alone, one American and one Korean approached me. They also emptied their room and came to squat beside me.

"You can take a seat here. These seats are all empty."

"Thanks, our room is being cleaned."

I offered my hand telling them my name. It's my sales habit to shake hands. That's the moment when I started hanging out with Alex and JH. JH said that his father ran a small business in Seoul. He ran away from Korea because he didn't want to work or didn't want to study. It seemed to be he's born with a silver spoon. Alex was a student at Carnegie Mellon University in Pittsburgh, USA. He's a smart student enough to receive a scholarship. Wow, scholarship. He's different from us, normal people. And the reason he came to China was that he wanted to participate in a project fully supported by his school. He's originally expected to stay in China for a year, but he eventually went back to his country after one semester. When he left, he told me he had missed his girlfriend so much.

The string that brought us together was 'sports'. Three of us formed a basketball trio team. JH was 180cm+ high and Alex was about 2m high. JH's position was the center or forward, Alex's position was the center, and my position was the guard. Even if I threw a basketball in any direction, they caught the ball well and put the ball in the basket scoring. Two were so good at basketball that I looked playing well, too. The super power of strong rebound skills based on high heights helped our team successful whenever we had a match. We're a good trio.

Could it be any other thing to make people more intimate than playing sports? I had been just a bookworm in Korea but then I changed to jump into the real fun of the sports thanks to those friends. Trio loved playing with other friends. We also played "our own badminton", which was long-distance power badminton that we hit the shuttlecock in an open and wide space. It's just badminton to bang out the shuttlecock far and far away with full power and keep destroying shuttlecocks as early as possible. It's normal that two or three shuttlecocks were shattered into pieces. It's a stupid game.

Another sport that we were crazed for was "running". The dormitory we lived in was well paved with concrete. The distance from one end to the other end seemed to be 30 meters. There's no doubt that three of us were very competitive. Nobody liked to lose any game. The ranking of running was usually Alex, I and JH. No matter how fast I ran, I couldn't catch Alex's long legs. His one step was my 2 steps. I should have cut my coat according to my cloth. It's unnecessary to feel bitter against my parents for my short legs.

The other sport that Alex taught me was Frisbee. Snapping of the wrist was especially important. The plastic circular plate was thrown at each other at a certain distance. My Frisbee skill was a mess. When I threw and received at a close distance, I was still able to cope with Frisbee, but it was a different story when I played at a long distance. Frisbee headed in any direction. I needed more training. And when we played Frisbee in a large space such as a playground, sometimes Chinese students were interested in it and spoke to us. Furthermore, time to time, they asked us if they could play together. Sure, more friends, more fun. We made a lot of new friends from any kind of sports. Playing sports is surely another universal language regardless of race, age, gender or nationality.

"Million Yuan baby"

That's the movie title that Alex, JH, and I wanted to shoot. The characters were three sportsmen, a boxing gym owner, a boxing coach, a few Chinese friends, and junk food (fast food or instant food). In the first scene of the movie, 3 people were eating junk food. There're a dozen types of junk food. They ate up but only one piece of pizza left. An awkward silence hung among them for a while. Then they started fighting to get the last piece. They pushed and pulled each other, and fought like dogs and cats, and then one guy snapped the piece and put it into his mouth. The other two people got angry. They kept the grudge in their mind and made up their mind to revenge on him someday. One day those two went to a boxing gym filled with the smell of the stale sweat. They begged the boxing coach to accept them, but the boxing coach declined them because they were more handsome than the coach. The coach said he'd accept them when they became uglier by having plastic surgery in Korea. They protested that they couldn't do because they had too many fans of girls. After they pledged to set him up with 3 blind dates, the coach finally signed a contract. One year passed since they began the harsh training like in the hell. And then they packed bags to leave the boxing gym to find their enemy who ate the last piece of pizza.

It's a nonsense story. The room of Alex and JH was always full of chocolates, sweets, and junk food. They even didn't go to a restaurant because of the junk food. The movie was dedicated to them. In a bus of number 33 which went through my school to go to the boxing gym, I revised the story again and again. The Chinese money was "Yuan", so we named the movie as "Million Yuan Baby".

In the evening, an international call came from my Korean girlfriend. She wanted to break up with me. She told me she had no reason to keep up our relationship because the affection between us already got cold. I had given her everything that I could do although I was born with a dirt spoon. I saved money to buy gifts for her and I had shown my infinite affection to her. I tried my best as a poor boy. In addition, if she just endured for half a year, I'd go back to Korea and we'd have a normal life back. And besides that, one thing shocked was that she told me that her mother had objected our relationship. On her mother's standards, I was deadly poor. Her standard was that her daughter's boy friend should have lived in Gangnam where the rich people lived and should have had an imported car and a certain real estate asset. What? At my age? I wasn't rich enough but I had no debt at all and I had some cash in my bank accounts which could be used for the future. The story was that her mother was married to a poor man and she spent her youth to save money to buy a car, a house and so on. Therefore, she disliked a poor boy friend or an ordinary man including me. I got heated up. She used to be a dirt spoon and currently she looked down on dirt spoons or bronze spoons because she became a silver or gold spoon. Ridiculous~! I got to pay her a visit someday after I make a big fortune. Something went wrong. I had no second chance. We just broke up on the phone. How sad!

That's why I wanted to find a violent sport. Coincidently JH had been trained boxing for about a year and he suggested me boxing. I searched the internet and found a boxing gym near our dormitory. On a fine day, in one afternoon, a total of four people visited the boxing gym adding 1 more friend. Everything should be bargained in China. Let's negotiate the boxing training fee. We claimed the boxing fee was too expensive and asked the boxing owner to give us a slight discount. He knew that the training fee of 4 students at the same time was not small but he acted tough, too. Ping pong, ping pong, and ping pong. Instead of cutting the price down, he allowed us to use the boxing gym at any time we want. In China, I suggest you always bargaining. You better try a bargain no matter if there is a price tag attached to the clothes or not. You better try to bargain even at department stores! Bargaining is an important part of the daily life of Chinese people. One day I stopped at a large department store to buy boxing gloves.

"小姐, 这双拳击手套太贵了, 便宜点儿 (Hello, boxing gloves are too expensive. Please give me a discount)"

"好。我们有军人卡, 能给您打九折。要不要 (Good, we have a military card, so I'll give you a 10% discount, do you want?)"

Wow, I got a discount at a big department store. I also bought a mouthpiece. I was so ready to learn boxing. I'd debut as an amateur boxer in China soon.

Training was held twice a week. The boxing coach was actually in his 50s but looked younger like a thirties. He's proud of himself to have elastic skin and healthy body. During the training session, he explained deliberately slowly to foreigners in Chinese. It's difficult to understand boxing terms. The boxing coach seemed to be very excited as the number of foreign students increased suddenly. The training began by repeating basic footsteps, jabs, and one-two straights. JH showed his natural moves. The experienced are the experienced. Alex and I, as beginners, needed to learn from the scratch. At least I was happy to have Alex as the same beginner. On the days we didn't have any boxing training, we still went to the gym by ourselves. We did the preparatory exercises and practiced the moves that we learned in the training, such as various poses and footsteps. JH helped us by correcting our pose and moves. After our private warm-up, we sparred. What sparring? Already? Wasn't it too early to spar? We're just beginners. According to JH, you'd spar any time right after you learned only basic steps and a one-two punch while learning other skills continuously. By sparring, you'd get more used to fighting. In fact, the purpose of boxing is to fight. He's right. We should know how to fight. There's no doubt we didn't know the basics, of course. We just fought randomly and blindly. 2 meters of Alex and 180cm of JH were my sparring partners. They're much taller and heavier than me. Didn't I weigh slightly over 50 kilograms that time? I had the disadvantage to be born small. Well, I just hit and punched at air not caring about the rule of boxing. I got hit a lot. Alex used his long arms and legs well. My fist couldn't touch Alex's face. His 1 step back meant my two or three steps ahead. Thank god Alex was nice. If he's not, I might have been in an ambulance after being punched ruthlessly. On the other hand, JH enjoyed sparring with formal defense and attack moves without any mercy. My head got dim when I was beaten up. I was a punching bag. Punched at body, head, chest and etc... Oh, how poor my internal organs were~!

By the end of the month, an opportunity for official sparring was given to me. It's the day of my official debut. At the end of the boxing lesson, the coach called several students except for the real beginners.

"韩国同学, 你来过几次 (Korean student, how many times have you come)?"

"大概七次吧 (about 7 times)."

"好, 过来 (All right, come out)."

The partner was a taller guy with a height of about 180cm or less. Oh, that couldn't go easy. He's heavier than me. Peripheral nerves and capillaries expanded with tension. The coach held the timer in his hand. A guy put a boxing helmet on my head. "It will be less painful with this helmet." said a Chinese friend. Hmm, would that be a positive saying for me to cheer up? I took off my glasses. Then there's really nothing visible through my eyes. The two players have centered. We bowed to each other.

The coach shouted "Box!" And the game started~! I recalled what JH advised me before.

"The best time to do one-two punch is immediately after the game starts. As soon as the bell rings, you got to move straight ahead and use one-two straight punches. The partner will be surprised and embarrassed. That's the moment!"

Let's do it that way. With "Box" shouting, I slid forward and quickly made one-two punch. The partner was suddenly beaten by me and couldn't help moving backward. Sorry, but you got hit by me very well. I should have mixed various moves like straights, hooks, and uppercuts. But what could I do? I was still a beginner. I just jabbed and swung one-two straight punches with a different tempo. I only stared at the head of the partner and targeted it. When the partner cornered after being punched a lot by me, the coach shouted "Stop!" Two players have centered again. The coach shouted "Box!" I made one-two punch. Huh? My left arm straightened too much. At that moment, the partner's right fist stroke my open left chest. My left arm went too far to defend back. Hit! I was beaten up back very properly. My breath stopped. I backed off and tried to control my breath. One punch flew toward my head. Darn! Another hit! The right fist of the partner hit the left side of my head. The punching shock was delivered to my brain through the boxing helmet. Retreat first. Retreat~! I couldn't breathe well because my chest and head were hit in a row. Whatever~! I wanted to see the end. Along with the step forward, I jabbed and approached him with one-two punches. He thought I might get back after I was hit thoroughly. I guess I surprised him by my coming forward with a non-stop fist hits. Adrenalin in my body asked me to continue beating him with jabs, hooks, one-two punches and body hits. He fell behind. The coach shook his arms crossed, shouting "Stop!" It's the end of the game. It's my victory! I won! It's 1 victory out of 1 match. My friends gave me cheers and applause. I was happy. I felt like I won a gold medal. It's amazing! I was the main character of "Rocky" today.

After sparring, my head continued ringing. And whenever I breathed, something poked my lungs in the left chest where the sparring partner punched at. I suffered from physical pains for several days. And I made a conclusion that anybody couldn't be a Million Yuan Baby. Boxing was a tough sport. For your information, I skipped all the boxing training that week.

"Trick or Treat~!" Halloween Day in China

Alex was American. Halloween Day might be a big event day in America. Alex and JH already bought 3 pieces of pumpkin at the school store. We'd carve pumpkins. Korean friends on the first floor of the dormitory lent us kitchen knives. Three of us were individually in charge of each pumpkin and started to dig pumpkin with the sense of arts. We designed and dug them as freely as we want. We called the other dorm friends and also called far-away college friends as cheerleaders. We knew how to make events bigger.

My surgical procedure began. Mine was a pumpkin of an electrical engineer. 1) I measured the pumpkin size. 2) I analyzed the appearance of the pumpkin. 3) I designed. 4) I collected opinions from surrounding people. 5) I dug with a small knife rather than a big knife. The symmetry and overall balance were the points of my design. I kept a shape of some teeth alive. It was a bit dangerous because we're working with sharp knives. There was a moment when I couldn't control the force to dig the pumpkin in the middle and slipped the knife. It's so dangerous! I didn't buy an industrial accident insurance before coming to China. Safety first all the time~!

Alex 's pumpkin had a crooked face, and JH' s pumpkin was metaphysical by digging the eyes and carving the shape of saliva. Lastly, my pumpkin came out as a result of my own Cubism of the 21st Century. We decided to put candles in the pumpkins and march on the street. It's the Halloween march. We would like to do whatever we could do as Halloween partiers. Somebody put a pumpkin on his head, and somebody held the pumpkin with hands. We said to passersby, "Trick or treat?" in Chinese version, which was "请给我们糖果 (Please give me candy)." I'm still wondering if there's a Chinese expression for "Trick or treat?" People laughed at the ugly pumpkins and our funny behaviors. Some people praised our work as very beautiful one. We tried hard but we got no candy that night.

Pseudo-farmer, towards China's rural areas

SH was a graduate student at BLCU. SH told me she'd visit her hometown at the end of September on national holidays. It was a part of the conversation while we're having some beer one night in the early September. I asked if I could go together. She said Ok that time, but she changed her mind 2 or 3 days before departure. She said it's the season of harvest and her family couldn't spare time to treat any guest like me. All her family and relatives were harvesting the corns that time, so I wasn't much welcomed. I recognized that it's a great opportunity for me to experience Chinese farms. I wanted to visit a rural Chinese village.

Isn't a forbidden love burning more? I got more desperate than before because she refused my visit. Statistics showed that between 60% and 70% of China's population lived rurally. The majority of Chinese people lived in rural villages. Timing was too good to be true. I almost threatened SH by telling that I had been waiting for the visit to her hometown and I had rejected other proposals from my friends to go on a trip together. I continued whining like a baby. She said she'd call back home. After about 10 minutes, she sent me an affirmative signal. She said I was allowed to visit, but I needed to stay with her grandfather. Her grandfather couldn't farm because of his old age, so if I stayed with him, I could be treated as a guest. Okie Dokie. I felt safe that my plan would be implemented soon anyhow. I'd like to harvest, spread the fertilizer and be dusted all body together as a local farmer. Especially as a son of farmers, I wanted to do it.

SH's hometown located south-west from Beijing could be reached by after a three-hour train ride and 2 times of bus transfer. We set off by train at lunch time in Beijing and by the time we arrived in her village, there's no sun already. I met her relatives on the unpaved road. I heard that I was the first foreigner in that village. They're curious why I looked as similar as they did. Was I really Chinese-looking? Actually, we're same Asian. A younger brother of SH came to me and unexpectedly spoke English. He wanted to practice his English he learned in school.

We had dinner at her relative's house. There're many kinds of flour food. The taste was good. I emptied the bowl and dish. If there's anything to eat, I don't hesitate to eat it. The rumor quickly spread throughout the village. I became a monkey of the village. Family, relatives, people from all over the world came to see me. With their eyes open widely, they said "a Korean, a Korean." The zoo monkey would feel the same way.

Since some time, the Korean wave had risen in the mainland of China. Among the Chinese friends I met, there were several friends who watched more Korean movies than I did, and they knew some Korean dramas that I had never heard of. Their knowledge about Korean celebrities was encyclopedic. It's normal to see a young generation who wore clothes decorated with Korean characters and Korean pop artists. Whenever I went to a karaoke, I could hear Korean songs sung by Chinese people. Korean culture was everywhere. I knew it's so lucky to study Chinese in China when Koreans were treated without any discrimination thanks to the Korean wave.

I had been so ignorant of the history of China. Since I arrived in Beijing, I had been more interested in Korean and Chinese history and often had browsed the internet for digging information. History became a serious topic to me. Had Korean culture ever been so booming and welcomed in China since the beginning of history? On Chinese standards, Korea had always been just a small nation on the far eastern side or a nation on the periphery of the Asian continent. Historically, Korea had been attacked hundreds of times and had been harassed in this way or in that way. It's countless to be destroyed by wars. However, now in this era, Korea has become an object of admiration for Chinese people and they're so enthusiastic about Korean culture. After thousands of years, we're doing the counter-attack. Perhaps it's not an exaggeration to say that Korea is colonizing China in music, film, drama, and culture. David is beating Goliath. That Korean Wave issue was also frequently featured in Chinese mass media. Several times a week, there were discussion programs related to Korean culture. I felt fine when I saw panels evaluating Korean culture positively. On the contrary, I got angry when I saw panels looking down on Korean culture as the one of a small country in Far East Asia. Weren't they jealous? Whenever I saw Chinese people arguing about Korean Culture, I was proud that Korean culture had a big influence on the minds of Chinese people regardless in a good way or a bad way. I hoped that Korean Wave would last for a long time.

Where are we now? Right, I was in SH's hometown. I helped to farm the next day. I woke up around at 7:00 am and headed to the cornfield. I picked up corns, spread fertilizers, and plowed the land. Man power was seriously needed here. I wanted to speed up, but my body didn't follow my mind that much. I thought I was a true country boy, but I guess I wasn't qualified to be a good "farmer". I was so clumsy. The intense sunlight gave me a headache, and the dust wind blew caused the tear to drop. I wiped my tears, but the tears continued to flow in the wind. In the first morning, I managed to survive. After finishing the tasty lunch, I found some solutions. I put on a blue hat, wore sunglasses nicely, and restarted working. It might be unbearable to look at me because I was a fashionista farmer in a strange look. SH's father gave me dress shirts as a working uniform. It seemed he chose the best clothes out of his particularly for the special guest. Due to dress shirts, blue hat and sunglasses, I was an outstanding fashionable farmer!

Next morning I was in a hurry to go to the bathroom. My stomach couldn't be quiet enough from greasy Chinese food. I asked SH where to go and she answered the toilet was next to the wall. I didn't expect a flush toilet. As quickly I lowered my pants and started doing it, strangely I could hear a sound from below. Oink! Oink! There's a pig. A pig looked at me. A pig was staring at me from the bottom, therefore, I had trouble to produce the thing. I was in an urgent situation from the stomachache, thus I squeezed. I could see that the pig was happy for the new food. I had eaten Kimchi (spicy cabbage) until the previous day, so I hoped the pig didn't get diarrhea because of the unusual food, Korean food.

Before that agricultural activity, I thought my body would be okay. I just had a little pain in my left chest that's hit while sparring in the gym before. I thought I was recovering to such an extent that there'd be no difficulty to do labor work. However, the hard work from 7:00 am to 9:00 pm every day gave me overload. Chest pain came back and it got worse. I had a bit of pain when I lay down at bedtime for 3 days. But on the fourth day, every time I breathed, the pain tortured me like tearing my lungs. My chest didn't return to normal. I was unlucky. Why at that time... There's no reason to voluntarily harm me. Originally, I planned to stay there for 7 days. Inevitably, the period of the project for experience in Chinese rural life was shortened. I felt sorry for SH's family that I needed to come back to Beijing earlier than planned. There'd be another chance to do it again next time. I believed in the power of positive thoughts. I was grateful to SH's family and relatives for the great hospitality. I appreciated SH for having accepted me despite the poverty of her family. Most people would be embarrassed to show the real aspect of poor family. She's warm-hearted. Thanks, SH. I'll pay you back.

Challenge for HSK Intermediate

A test is a pain. A test is our enemy. If you can avoid, it's best not to take a test. There're many days to talk about HSK (Hanyu Shuiping Kaoshi, Chinese Proficiency Test) with classmates who majored in Chinese or China-related subjects. As a matter of fact, I even didn't know if I could take an HSK test in China. I heard one or two students registered. Then later it turned out most classmates registered. Since I was afraid of being isolated, I mostly preferred to follow the majority. I came to study Chinese so it'd be okay to try to take the HSK test. I enrolled HSK entry and intermediate in the school office. It'd be good to analyze my insufficient part through the test result. I checked how long I had studied. It's over 8 months, adding two months in Korea. Let's forget about 3 credits in Chinese class in college because too much drinking fully destroyed my Chinese skills. The purely studying period was ... April, May, July, September, October, plus 11 days of November, it was totally 6 months and 11 days. Wouldn't it be stupid to challenge the test in such a short time of study? I was worried I'd fail the test too easily. Anyway, I'd hide the test result not to show anyone and keep it private.

Let's get serious for a moment. I'm still wondering whether to regard the test as a "purpose" or as a "means". Many international students regarded the test as a "purpose" and they overly focused on the test. As the HSK test day was coming, students disappeared one by one. Students didn't go to school, but bought HSK related books, and studied them at home or in the library. Some students even dropped out of class and went to language institutes to attend the lectures of famous HSK instructors. After HSK test, about a third to a half of students didn't come back forever. I presume the cause of that status was consequentialism or comparative culture. It's normally said that after returning to Korea, the first question asked by friends or professors was mostly about the result of HSK test. One piece of test result paper would be the determinant sheet to judge about the life of studying abroad. It's pitiful. The purpose of language training was only to get a certificate with a better result score. Oh dear. The interest was not how well you spoke and how well you understood. But only the test result was their interest as the most important value. On the day when the test result came out, students cried about the grade or laughed about the grade. Oh no. It's too much competitive and comparative.

I got a grade 6. Grade 6, 7, and 8 belonged to the intermediate level. So my Chinese level was intermediate. (Currently, the number of HSK levels is simplified.) Since the total score was more than 7th grade, I insisted that I got the 7th grade. Haha. Grade 6 was quite satisfactory. I can say that day was the official day that I became multi-lingual with three languages: Korean, English, and Chinese. It could be a glory of my family. I got to take a look at my family tree book and check if there has been any ancestor who spoke multiple languages. It's the day of self-praise. It's a very good result!

Gold medal acquisition

I ran and ran in the autumn semester. Attending a formal and regular class at a beautiful campus was unforgettable. The winter vacation approached. At the same time, the time to say goodbye to the flower garden of the 201-09 class was coming. Beijing Winter was cold. Good fitness from the last summer helped me to survive well in a freezing weather. In early January, the University held a completion ceremony for the autumn semester. It's not a ceremony of solemn atmosphere like in Korea but a ceremony with freedom and fun. A professor led the ceremony, briefly evaluated the past semester and made a short comment. We're in a festive atmosphere. Students didn't care if they clearly understood what the professor said in Chinese. In the end of the ceremony, the professor presented a list of excellent students of the semester. The names of excellent students were called sequentially from the beginner class to the advanced class one by one. In the middle, the names of the second graders were called. One of them was,

"二零一 零九班, 崔城玉 同学 (201-09 class student, Choi Seong-Ok)."

A friend next to me exclaimed, "Yay~" When's the last time that I received any certificate of an award? Was it in elementary school or middle school? I walked to the front of the podium in the queue. It's such a glorious moment. I got to mark that award on my family tree book. Thank you, ancestors~!

"I am Choi Seong-Ok of class 201-09!"

At the center of the podium, the professor hung a gold medal on my neck and he handed over the certificate asking for a handshake. Oh, yeah! I couldn't stop smiling. The medal was good. I liked the shiny gold medal. Although there're only a few classmates from my class in the ceremony, I shouted at the air and waved hands without knowing anybody else. I lifted the certificate high into the air to show off. The students filled the auditorium applauded me who they didn't know. I liked the crowd psychology. Yay~!

Beijing Normal University was one of the top 10 universities in China. It's my honor and I was grateful to the school for having presented me good guidance with the help of good professors together with good students. During the past semester, in addition to good learning, I was happy to have enough physical and mental relaxation. In the beginning, my plan to study in China was half a year and I planned to directly fly to Canada to study English. I recognized that my Chinese level was still low just imitating basic Chinese, and I couldn't communicate properly. I wasn't much satisfied. I'd better study for one more semester. Doing insufficiently and stopping in the middle is worse. I made up my mind to transfer to Beijing Language and Culture University next semester. I would return to BLCU with memories of the last summer. That time I decided not to live in a dormitory but to live in a rental room to experience another type of residence. A new environment awaited me. I'd better keep running with Chinese to reach a certain level! Go~ Go~ Keep running!

At the middle turning point of the marathon

It's a long trip since I left home to do what I wanted to do because I couldn't forget the impression of my favorite role model. It wasn't easy for me to give up a job that young people mostly dreamed of. Now I am turning the midpoint. A lot of friends asked me. Why Chinese? My answer was "I wanted to do it." This study, which started with the strong desire to do, doubles the efficiency of learning. At least, I can concentrate more on the class because I invest money that I earned by going to work in the early morning and coming home at late night. I used to stare at the moon after working hard and enduring stress from work. Moreover, I suffered from gastric ulcer for years.

Future worries become trivial and trivial as time goes on. I'm looking back at the last half year and evaluating it. The score is "good." The first reason that I scored "good" is that I've exercised enough during that period so that I get very healthy now. Before that, why did I only torture myself just by working hard and sparing no time for exercise? I played basketball, table tennis, badminton, Frisbee, and boxing in China. I spent a lot of time on the sports which I can't imagine I could do that in Korea. Because of good body condition, I've not caught a cold this winter. Especially 'boxing' is the best. I think it's a good choice to learn it. The tough exercise can give people bigger pleasure. I was pretty depressed at the time. I broke up with my girlfriend who had been going well for years. For a certain period, I couldn't live a day with a sober mind. As she and I lived apart in different countries, I could recognize that her affection for me cooled like the winter ice at a quick speed. Actually, these two countries are not that far. Isn't it only two hours by plane from Seoul to Beijing? Going to Busan from Seoul takes a longer time. I'm a loser and nerd. I'll keep grumbling about her till dying. Live well with a rich Gangnam husband~!

I sweated hard. It's hard to maintain the tempo of my breath. I jumped, ran, jumped, and punched the sandbag. It's good. I felt good when I hit the punching bag, and I also felt fantastic when I was beaten up while sparring. I was a pervert to enjoy being punched. I was a big fan of pain. Confidence after a hard workout is a bonus. Now I find myself different from the past because of boxing. I'm less sensitive to people. And I see small things small. I consider things less complicatedly. And I'm learning to understand "Let it go" by having more patience. I'm gradually becoming a boxing maniac.

China is big. It's a big country. It has 1.5 billion people. Hence, it's a paradox to define that 'China' is like this and 'Chinese people' are like this. How can you easily define characteristics of such a big country with such a large population? There's diversity everywhere. Meanwhile, China's economic growth rate is huge. It's scary because the country of 1.5 billion people has achieved GDP growth rate of 10% for many years. I'm not sure if we can say that China is currently our competitor in economic growth. China has grown too big as one of the G2 countries. We better learn things from China, especially how they have made progress like that.

Several days already passed staying in Korea for a while. Half of my journey in China has passed. For the remaining six months, steady preparation and execution will be the best to attain a good goal. The time to go back to China is coming. I get excited again now. The strangest charm of the journey makes my heart beat again. As in the marathon, I just passed the middle turn-around. When I run back, I'd better reduce the number of mistakes and see improvements. And let me try again to find a true love. Youth without love is dry. I'll eat a lot and go on living lively full of energy. I'll make a hot love. I have no doubt that good appetite is a source of endless sexual desire.

   - written on January 24th, hometown in Jeonju.

China 2. Major league

The golden age of life

I came back to Beijing. The new semester started. I took an examination in the intermediate level of C class. I passed the test and was sent to D class. In the first few week of the course, the professor called me one day and suggested taking an exam to enter class E. I went to the student office on the same day and they informed me to take an additional exam that week. The exam was about Chinese characters, vocabulary, and sentence analysis. The test result was... I passed. Wow, I jumped into E class~! The whole course was divided into class A to class F in BLCU. E, F classes were the ones of advanced level. I was assigned to E-1 class which was equal to 4th grader of Beijing Normal University. Uh? How could? It's surprising. I had a good excuse to go to a restaurant to have a good beer with 同屋 (roommate) all night. When you get a 'feeling' that you slowly approach the set goal, you're happy and you'll not be afraid to buy a lot of beer. It's my treat.

"Self-conceit" or "Self-sufficiency" is a poison when you learn a foreign language. If you're intoxicated in your language skills and boast of your language level, your development stops there and presumably, there'll be no further progress. Self-conceit causes tension to disappear and even the motivation become blurred. It's better to go home when you feel super proud of yourself and can't stay humble anymore. Simply don't disturb others who study hard in a modest way.

I'd like to call that spring semester "the golden age of life". During that period, I laughed so much and I'd been really happy every day for anything. I wished the happy time not to stop. One day I got a chance to talk with a classmate who's in her 40s. She raised her child enough to go to army, and she's in China away from her husband for a semester. She came to Beijing to study Chinese that she had dreamed to do for long. It's her dream. She said that 5 minutes from her dormitory to the class-room every morning was the happiest time because she's on the way to study what she wanted to do. It's impressive. Happiness is always relative!

I usually sat in the middle of the second line in class. A Kore-an boy sitting in the front row looked at me with strange eyes and talked to the homeroom teacher. They whispered something to each other. The teacher and the psycho classmate conspired to make me the classroom representative. It took a short time for the vote electing the representative. And I was selected. I'd be the representative of flower garden again. The class was composed of 4 male students and 17 female students. It couldn't be better. I was a wolf in a flower garden. Ladies, watch out for that wolf~! He's dangerous!

I played a joke on the psycho by calling him a psycho but I didn't know that he's quite smart. At the end of the semester, he's accepted with the highest score by Renmin University of China. How could it be? It's hard to believe but he was a genius. Don't judge a book by its cover.

I saw Southeast Asian friends in our class. Japanese and Russian friends were also seen. Last semester, the number of Korean students was major, but that year of the semester had a mix of nationalities. It's an international flower garden. Since it's an advanced class, we spoke Chinese even during breaks. At the beginning of the course, the professor suggested us speaking Chinese in the classroom whenever possible. Classmates were so obedient to him and followed his suggestion by practicing Chinese all the time. They're such good students.

Our homeroom teacher was an author. He's an author of numerous books and had a great deal of experience in teaching Chinese in the world. He's still single in the late thirties. He looked smart and not much poor, but I didn't know why he's single. He might not have any building in Gangnam (rich town) like I did. Or he couldn't forget his love. Other teachers in conversation (oral), listening and reading were also veterans. They had many years of experience both at home and away having pride in their job. All teachers were great. It's pretty sure anybody couldn't be a teacher in the advanced class. Inexperienced teachers couldn't survive because students would ask about high-level of questions and students' interests wouldn't just limit to language covering culture, politics, economy, history, arts and anything. I understood.

The studying environment couldn't be better. Everything was good. The flower garden was the best out of the bests.

The legend continues

It's said that it's better not to hang out with Koreans if possible while studying abroad in a foreign country. You'd have heard that somebody went to learn a foreign language, and he/she learned more Korean language than foreign languages, or that his/her foreign language skills were deteriorated and so was his/her Korean language skills. I thought that I needed to be cautious when I made Korean friends. Was it right?

I lived in a rental room instead of the dormitory in the spring semester. The rented room was located near the school. There're two Koreans already occupied, three in total, in the room number 502. One majored in law, the other majored in calligraphy. Both were older than me by one or two years. The law majoring roommate had many Chinese friends and his Chinese ability was great despite the short period to study. It's always good to hang out with the locals to improve your language skills. And the calligraphy majoring roommate was the one who had just arrived in China and had a shy personality with a sensitive nature. One thing's that we're commonly passionate about Chinese language and very active to make any friends. Three different friends in law, art, and engineering started living together in harmony in the 502 room.

We spent some days eating together and hanging out together. And we slowly got to know each other's characteristics. Naturally, each person's role was determined. The law major became an entertainment manager. The calligraphy major became a daily life manager, and I became a physical activity manager. The pleasure of life of the three of us was led by the entertainment manager, all matters of community life were led by the life manager and I, the physical activity manager, managed the plans for all physical activities. In each area, the other two didn't have an objection right. There's no impeachment process.

The ability of the entertainment manager originated from his broad friendship network. On a Wednesday or Friday night mostly when we're bored, he brought us to any entertainment place to enjoy pleasure. Especially on Fridays, we're fine not to come back home keeping enjoying our life. We released our stress while enjoying and enjoying. He organized dinners mainly with Chinese friends. We used to forget how quickly time flew by having so fun conversations with those humorous friends. Karaoke was my favorite. We sometimes sang Chinese songs together.

The life manager was diligent and sincere. When the side dishes ran out, he went to Korean food shops by himself or asked for help. He used to write down all the necessary items and he's the first one who turned on the vacuum when we needed to clean the common area. He's also studying in a language course of BLCU, so we walked to school together making funny jokes in the early mornings. He also managed the co-financing and sometimes reported it to us as a financial manager.

And the last but not least, the sports manager was me. Saturday morning or Sunday afternoon was the time that I was responsible for. On Thursday and Friday, the entertainment manager or the life manager asked me. "What kind of exercise is planned for this weekend?" "Do we need some items to buy for sports activity in advance?"

"Yes, I have booked a badminton court for tomorrow morning."

"Yes, I have reserved a table tennis for Sunday morning."

"Yes, we are going to climb a mountain tomorrow, so we'll

have to wake up a bit early."

"Yes, we will play bowling tomorrow. You can get equipment ready for tomorrow."

And one more thing, because I had to be responsible for our health, I cooked rice porridge every morning. I boiled it every morning. That 'porridge' was the one stirred the rice left from the previous day. I put the remaining rice in a large pot, simply poured water and stirred it on the gas range. It's just a boiled rice pot. Depending on the condition of the rice, it took 5 minutes to 10 minutes to be edible. There's no doubt it'd be tasteless. Rice porridge was enough to fill the stomach with other side dishes in the morning. We studied hard, so we needed to have energy in the morning. As a matter of fact, I cooked the porridge every day except the days of my trip. Even in the morning of my returning to Korea, I turned on the gas range to boil the rice. Later, when I connected with the roommates over a social network service, they nicknamed me "Porridge maker."

It's okay to hang out with those Korean friends in China. We made a pleasant living together in a pleasant harmony. We made our own memories having fun every day. Our legendary story was called 'The Legend of the Dong Wang Zhuang'. The name of the apartment/flat was 'Dong Wang Zhuang'. It was the center of Beijing and the center of the world. People lined up to come to play with the members of Dong Wang legend. Sometimes people had to wait to get a queue number. Of course, I exaggerated too much. Haha.

Write your essay with a mechanical pencil. Challenge for HSK Advanced

I had been in China for over 10 months. I accepted another reckless challenge, which was HSK Advanced. HSK advanced had 9th grade, 10th grade, 11th grade and 11th grade was the highest grade. (The number of levels is reduced now. 9th-11th that time is equal to 6th grade currently.) If the number of failed subjects was more than 2 out of the 5 subjects which were listening, reading, general, writing, and oral (speaking), the grade was downgraded. In other words, students should score well for all subjects in HSK Advanced. The lack of skills in a certain subject could cause failing in the subject. In that case, you'd better not expect a good grade. Still, any test was my 'enemy' which I always tried to avoid if possible.

HSK test was coming, so also classmates started to disappear. I guess I don't need to repeat these words, "consequentialism", "grade first in life", "happiness level is up to the score or result of tests" and so on. Just let it be. A couple of weeks before the exam, I went to a bookstore nearby and bought a test sheet at least to see how it looked like. I spent some time in the evening for the trial test. The result was 'miserable'. The score wasn't much enough for the 9th grade. The score was too low. I was embarrassed. I seriously considered changing the test level from HSK Advanced to HSK intermediate. What should I do?

The exam date was coming, so the private HSK lecturers got very active everywhere. Even during the break time, students chatted where we'd find a good HSK lecturer. Even though classmates disappeared one by one, I didn't give up going to class. Someone had to remain and warm up the classroom.

Finally, it's the HSK test day. I rode a taxi with a female friend who took the test at the same school, Beijing International Study University. Upon arriving at the main gate, we found out the university was divided into east and west campuses. She went to the west campus and I went to the east. My test room was on the top floor. It's still closed. Most students were already there. Some Middle Eastern students wore a 'Chador'. There're many Korean and Japanese students. Wow, I got excited.

I'm pretty sure the HSK Advanced is an overly difficult test for Western people. I remember the first time when I encountered the English alphabet. It was a mysterious language. I had trouble to get used to the different alphabet. Hanja (Chinese characters) for foreigners would be worse than my case. It's like a pictogram like drawing. It's surely difficult even for Asian friends to copy the shape. When foreigners first see Chinese characters, they might say "Oh~ My~ God! What is that? Alien created?"

I poured all my energy into the test from the listening part to the writing part. I burned myself. Our test supervisor warned us several times that we should use only pencils for the writing part. I had no choice but pencils to write the essay. According to other classmates, I heard later, in their class, mechanical pencils were allowed to use for the writing test in addition to pencils. Really? The writing speed with a pencil on a paper is remarkably slow. And Chinese characters can't be written well with a pencil because of complexity. Before the test, I didn't know that the pencil and the mechanical pencil would make a different result. There's a minimum line number for the writing to be evaluated. If not sufficient, the writing part automatically fails. I had to write an essay slightly over the amount required. But as I was being chased by the test time because of the slow writing speed, the writing content was terrible. Here's a question, mechanical pencil vs. pencil. 'Love' could be written with a 'pencil', but HSK 'writing' better be written with a mechanical pencil.

Because of the rubbish writing, I didn't expect a good result of the test. As the result of the exam, you'd see whether you passed a certain grade or not by a different weight of the envelope. If the envelope is light, you didn't pass. If the envelope is heavy, you passed the test and got a grade. Only the test result is given to the people who didn't pass and the transcript is given along with the test result. I knew it. The test envelope was light.

I didn't pass. The total score was well above the 9th grade, but scores of 2parts, the reading part and the writing part, were under the minimum point. I could see I failed in writing by 2points. Oh, even if I got 2points more, I'd be a 9th grade holder. A bad memory came up that I got 6th grade, not 7th grade, because of 1point difference in a subject for the last exam. The loser keeps silent. It was a Good Game.

我疯了 (I am crazy)

北京语言大学汉语速成学院 E-1班， 崔城玉

真的发疯了吗？我每天都吃三顿饭，穿不华丽但朴素的衣服，有规律的生活。看上去，除了我的笑容以外其他都很正常。那么就为什么我走在路上的时候，有些人看我的表情怪怪的呢？难道他们是误会我发疯了？我来说说这情况的原因。

3月份的一个周末我和我的两个同屋去香山爬山。听说中国人到春天就去'踏青'，比如去郊区旅游或者去公园转一转。今年新学期开始以后，我的日子过得很单调，于是就渴望从无聊的日常生活中逃脱出来。当时风很大温度也比较低，但是我们乘坐331路汽车到达香山时，没想到春天竟有那么多人爬山。去年爬香山时我能一口气到山顶，但今

年因我缺运动，我的身体不听我的命令就快要游行示威似的。我终于爬到了山顶。那时我很心满意足。这种成就感一时让我发疯。

我从小一直认为自己的生活不应该总停留在原点。去年我对长久以来的流浪生活感到了厌烦。所以就决定今年是我流浪的最后年。追求稳定性不是人的基本愿望吗？不过我估计，这个学期结束时，很可能会恋恋不舍

的。原因如下。大多数的留学生都同意在国外生活是一举多得的, 如体会外国的习俗, 跟外国朋友交流, 了解各种各样的文化等

等。在中国留学也带给了我很大的变化。这就是让别人误会我发疯的另外一个原因。每天早上在上课的路上我会因幸福而情不自禁地微笑。下午补习班结束后, 虽然很累, 但是我脸上还是带着傻瓜似的笑容。

还有一个更重要的是我变成了一个运动迷。过去一直忽视体育锻炼的我, 到北京留学后, 才发现了什么都不如健康重要。有人认为我中国留学是一时冲动。那么看看我现在是多么幸福呀。谁敢说我将来会后悔在北京曾经学汉语呢?我很自信将来我绝无悔。

我曾听人说'神的存在就要告诉我们应该做什么'但是我不信神的存在, 还认为人应该倾听心底里面的声音。去年三月辞职的时候, 我很犹豫, 但是来中国学汉语是我一直以来的梦想, 考虑了很长时间之后, 决定来中国留学。当时不管周围的人怎么劝我, 我都认为不做自己愿意的事将肯定后悔。所以我来了。

我疯了!我很满意每天都能发疯。我已经发疯了, 同时我幸福极了。朋友们, 一起发疯吧。虽然这种病治不了, 但是我已情愿得了。而且我希望这种病能传染给同学们。

There might be a lot of mistakes. This is the essay which I received the 3rd prize in the BLCU writing competition. I was so honored to get the prize. Thanks a lot.

I am super crazy

I went hiking in XiangShan (Fragrant Hills Park) last weekend.
Originally, Xiangshan was famous for autumn leaves. After the
Lunar New Year's Day, I decided to climb up a mountain with
roommates to refresh my mind. I came back to China after the
Lunar New Year's day, and I had had busy days. Recently, I got
lazy with less exercise, so I thought I better do an outdoor activi-
ty such as climbing. When I climbed the mountain in the previ-
ous fall, my legs were alive and excited to move. But that year I
felt different. I climbed up slowly like a turtle at the back line
and I sweated a lot.

The view of Beijing from the top of the mountain was pretty
spectacular. I told my roommates that I could see Korea far
away. Oh no. Why I made that joke? Haha. It's not a funny joke.
I had gone too far.

Generally in Asia, the stress level ramps up when your age is over the average age to have a wedding. Your parents, relatives, and friends will not leave you alone and will continue pushing you to find one. Setting up a person or having a blind date is always a hot topic in conversation among Korean people. And connecting a potential marriage partner is a huge business in Korea. I also paid about 1 thousand euro for this service once. Blind date agents or match-makers collect personal data including education title, real estate and money in your bank account and search women who might match with your background. You can have 3 to 10 times of blind dates up to your payment amount or the level you are evaluated and belong to. I heard that my level might be B or B+ out of the levels from A to F. It's like leveling pork meats. Actually, this is a sad aspect of Korean society regarding wedding business caused by materialism and comparison culture. You could be a loser if you don't marry. Seriously, you could be.

There's no exception for my family. I swore to my parents that I'd finish the nomadic life that year and I'd get married and settle down soon because I was so tired of being nagged by them. You'll see how horrible the nagging or meddling is when you in Korea. Some people suffer from social phobia or commit a suicide because of stress from living alone. Or they simply go abroad to be free from it. Despite the pledge, my heart still wanted to travel away and I felt happy whenever I challenged something. That gypsy life was so interesting so that I couldn't give up. In addition, there're a lot of good teachings such as surviving in other countries, meeting friends of various characters, experiencing various cultures and enjoying nice beer and wine. Gaining was a lot more than losing by living a gypsy life.

I smiled for being lucky to go to school every morning. I smiled like an idiot on the way back home even though I was exhausted from classes all day long. I looked crazy. My soul had gone far out somewhere in the galaxy. I was happy. I'd die for happiness.

I had a grumbling friend always said, "It will be very good If God exists and tells me what I have to do and what I should decide for the future." I thought he's too pessimistic and passive. In that case, you'd only depend on God and give up the valuable things that you'd obtain if you tried and challenged. Let's live a life our mind leads to. Let's live a wild life, let's live like a bookworm, let's live like a beggar, and let's live luxuriously, too. You should try everything once. While trying new things, let's take a moment and appreciate happiness that you're lucky enough to have chances to try. Everybody said, "life is short." It'd be a waste of time just to live a life for the life of others. If you don't try, you'd die in much stress. Quality life would be the best. Let's go crazy for something. Let's find what you want to do in our heart. Did you hear that?

Shall I go on a trip to Tibet? Or Shall I take the final exam?

Spring semester at BLCU would end in early July. Assuming that the plane ticket from Seoul to Toronto would be on July 29 and I'd spend time with my family for a week in Korea, returning to Korea from China should be around July 21st. there's a calculation that I could take about two weeks for a holiday after the final exam. Considering the size of the Chinese land, a two-week trip is a short trip. Two weeks is not enough to move, arrive and appreciate a place well. In early June, I had a serious conversation with my homeroom teacher. I had dreamed to go to Tibet.

"老师，我不知道该怎样决定。是去西藏旅游好还是参加期末考试好

(Professor, I don't know how to make a decision, is it better to go on a trip to Tibet, or to take the final exam?)"

"你的公司需要你的成绩表吗？ 不需要。那你要成绩表干什么呀？当收藏品吗？ 我觉得对你来说去旅游能学到更多的东西 (Do you need a test result report for your company? If you don't need the report, what will you do with it? Will you keep it as a collection? I think you can learn more by going on a trip)."

What a cool answer. He's right. I bought a train ticket from Beijing to Xining departing on June 19. It's a one-month travel itinerary. I had wanted to finish that semester. I had wanted to lead the E-1 class until the end. Well, what could I do? I had just one body and I had something valuable to do. I'm sorry, classmates. I'd like to have the finale of my studying Chinese selfishly that time by having a good travel to Tibet. It's also a once-in-life chance.

The approximate route was to start from Beijing horizontally to the west, turn slightly toward the south-west heading to Himalayas in China, turn completely to the southeast from the Border with Nepal, move to Kunming (a big city in Yunnan Province) along the border, and return to Beijing via Xi'an located in the center of China. It was expected to spend more than a week on trains and buses to reach Lhasa (=Lasa), Tibetan capital, considering that I would drop by several spots in the middle. I had a friend who would accompany me to Lhasa. When we'd reach Lhasa, we'd plan to reschedule and decide the route from there according to remaining time, money, and health condition.

We were three people, me, Beijing woman and another Beijing woman who we met at a hiking goods store. It's a journey by train and bus only and airplanes were of no interest to us. My trip budget was insufficient even if I planned a trip of almost a homeless person. Where could I fill up the insufficient funds? I had friends who it'd be difficult to meet again in the future when I'd leave China. So it's not good to borrow money from them.

Asking my parents to send some money over an international transaction? I already closed my bank account in China. One evening, my eyes caught the plane ticket back to Korea when I'd use after finishing my study in China. Hmm. It'd not be a bad idea to check how much the refund could be. I went to Korean air office. I refunded the ticket. The number was good. Instead, I purchased a vessel/passage ticket to Korea taking 26 hours over the sea, which cost only one-third of the flight ticket. The difference was invested in all the travel funds. Can you guess how much was my total travel expense during that one month trip? Later, I calculated all cost including food accommodation, transportation, and everything. I also didn't believe it, but it's about 400 Euros. Of this amount, 150 Euros was the difference between the flight ticket refund and the vessel/passage ticket purchase. It's a big portion. I appreciate it to Korean air for a good number from the refund.

Anyway, I felt that I' be able to complete my studying Chinese surely by doing that trip. As always, the most excited and nervous moment is before going on a trip. Wow, it's one month trip to Tibet where I had dreamed of.

Tibet 1. Arriving at Lhasa and Seeing Tibetan Buddhists

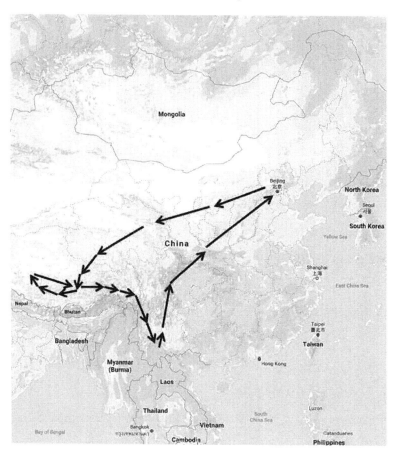

It really took a week to get to Namucuo (Namtso, a lake near Lhasa) through Xi'an, Qinghai Hu (Qinghai Lake) and GeErmu (Gol-mud). There's a superb view of the 'Qing Zang' high way before Namucuo like calendar photos. My eyes enjoyed the luxury to see once-in-a-lifetime views. I took videos whenever I stopped on the way. It's more than being tearful to be impressed by that landscape. It's much more. Facing those views was so blessing. I might have saved my country in the past life and it's rewarded in the present life.

The temperature was falling. The amount of white snow gradually increased, and later it's mostly covered by snow. Sheep were seen remotely eating plants peacefully. It's already cold in July. How could sheep survive in colder winter? It's unbelievable. It's a midnight when we arrived at Namucuo. I couldn't see anything because of the dark. I traveled for a long time in a bus and in a car, and I felt so cold and fatigued.

I opened my eyes the next morning. My head was in a great pain. It differed from any previous headaches I had suffered. It's like something kept squeezing my brain. And most functions of my brain stopped and only part of the brain was active. My head was spinning so that I couldn't help frowning. A headache was severe enough to cause nausea. It's lack of oxygen! As the amount of oxygen supplied to the brain decreased, the brain reacted abnormally and the body responded immediately. I took a headache medicine prepared before. Some hours passed, but a headache still remained. It's altitude sickness. I forcibly raised my body and walked to the front of the gate of the tent. I was momentarily dazzled by the strong sunlight. The sun was intense even though it's early in the morning. I stood most closely to the sun because I was in Tibet, the roof of the world. Holy!

I'd doubt my eyes. I didn't know last night I slept right beside the enormous and magnificent Namucuo Lake. I was slowly waking up facing that beautiful scenery. My eyes were busy appreciating the beauty. I could see a mix of blue, green, brown and white. I turned my camcorder on and started recording. I was so honored to see that landscape. I guess I was still dreaming.

I had extra time that day before moving to Lhasa. I had breakfast shortly and went further to the lake. Interestingly there's a horse riding service. Wait, had I ever ridden a horse? I'd never done it. Why not try to ride? Riding a Tibetan horse would be an interesting experience. I became braver because my brain cells were possibly killed by high altitude. It's the first horse in my life. The horse slowly walked but my heart ran fast. Adrenaline exploded. I was busy looking at the scenery and simultaneously being careful not to fall. It took about 30 minutes. I was supposed to pay for the horse. The price mentioned before and the price after riding was several times different. Oh, the service provider wanted to rip me off. My head was still hurting, but those people added the pain. What's wrong if they'd just accept the price they promised? Some of them encircled us. They verbally threatened us. Wow! Let's not do this. I believe sometimes the fixed price system makes everything easy. Later I increased the price a bit and finished the deal. Unless I didn't have a beautiful landscape, I might have had a dirty fight that morning.

I entered Lhasa. I finally reached the roof of the world, the capital of Tibet. It's still hard to believe. On the road to Lhasa, there're countless Tibetan Buddhists. They walked three steps, lay with their face down, and bowed. They lifted their arm and put them down. And then they walked again three steps and did the same thing. Were they crazy? They had just walked from their house to here. Walking a few hundred meters like that would damage knees, joints, and backs broken. It's the distance it'd take many days to walk normally, but they moved forward even bowing and stretching their body. In addition, the road to Lhasa was 3,000~5,000 meters above sea level. A rough cold wind blew all the time, and it snowed and rained repeatedly. You can search for 'Tibetan pilgrimage' video on web sites. How many days would it take to finish the pilgrimage? Weeks? Months? Nobody ever can do that without the strong faith in religion. My common sense still doesn't allow me to understand the irrationality of the Tibetan pilgrimage. I believe the power of religion is great. But why in that way? It's like torturing themselves.

My head was still in pain. The other Beijing friends also had a headache. I wouldn't use the oxygen pocket and glucose, which the friends bought yesterday. I tried to endure the pain clenching my teeth. By the evening, I felt slightly better. You will learn the true value of OXYGEN there. I was captured by curiosity. I purchased a Chinese hacky sack and I started to play Chinese hacky sack. I experimented to see how many times I could hit. People around were staring at me. They might have thought a crazy man was doing a strange activity or circus. Did I hit it for three minutes more or less? I got dizzy. I tried to control breathing. I just sat almost falling down. I couldn't play longer than 4~5 minutes. Curiosity can kill a person. I didn't want to go to the hospital in a city where I couldn't communicate well with doctors because of the language barrier.

There's 布达拉宫 (Budalagong, Potala palace) where you must visit. Potala Palace is one of the Seven Wonders of the World. It's the residence of Dalai Lama as the most central building of Tibetan Buddhism. Beijing friends I accompanied were not Buddhists, so they didn't want to visit. Huh? I couldn't understand them and wasn't happy about their decision. I grumbled more probably because a headache was serious so that my personality became partially negative. Regardless of religion, Potala Palace is a good place to pay a visit. Potala palace restricted the number of visitors per day. You have to make a reservation in advance one day before so that you can enter the next day. I held my passport and waited for a long line to get a ticket. I was safe luckily. I could go to the palace the next day.

The next morning, I hurried to enter Potala palace. It's said there're 999 rooms and more than 20,000 statues of Buddha.

Seriously there're countless rooms and countless Buddha's statues. I walked through many different sizes of rooms, seeing small and large statues of Buddha. But there's one thing that made me disappointed. It's about money. There're bills and banknotes everywhere, not only Chinese bills, but also bills from the other countries. Even worse, I didn't know who did it, but the high value of bills were hung and displayed at the specific places to be seen well proudly. Decoration for those bills was very organized. Bills were attached or hung to everywhere such as the front of the Buddha, the side of the candle, the perimeter of the pillar, the front of the glass door, and so on. The rooms were full of bills. Potala Palace was a religious place, and they could receive any donation, but when I saw a monk, after and after a few steps, opening and closing boxes similar to a safe and changing the bills, I got wondered. It's said even some Tibetan people donated all their money from harvest to the temple after a year of hard work. I shook my head. Something's wrong. How should I understand that? Tibetans were very poor.

Tibet 2. Left alone in Tibet and new friends welcomed me

I decided to say good-bye to two Beijing friends. Opinions about the future itinerary had not been narrowed, and a friend's expense would run out soon that they shortened their travel path. They took the route from Lhasa directly to Sichuan province to the east and I took the route to go further south-east to Yunnan province. I was left alone again. I knew how to be alone. Sobbing.

Traveling alone has its own advantages. First, it's easy to secure accommodation. Even during the busy season, there can be one empty bed. Secondly, it's not difficult to purchase 1 bus or train ticket. Last minute's ticket is exciting. Thirdly, all people will be your friends. On buses, on trains, on roads, or in hostels, people will be gentle to a single traveler. And finally, there's no need to fight anyone. Due to the jet lag, you'd get impatient and your emotion would become more sensitive even for small things. I've heard a lot of people say that a good friend traveled together came back as an enemy. Traveling alone has many advantages. What would I choose either traveling alone or traveling with friends? All that I said here were excuses. It's surely better to go with friends or a loving one. A trip full of friendship or love is much better. At least I have had a solitary journey sufficiently. Next time I'll travel with my beloved one. It must be like that. I have to go to a temple or church today and will pray my wish would come true soon.

I was alone. That day I took a bus and headed to a temple to have time for meditation. When in Rome, do as Romans do. Let's become a Buddhist and pray for the well-being of my family and friends. Tianjin (a city near Beijing) friend who happened to meet in a restaurant the previous day said that there's a unique Korean friend. She suggested me meeting him once. After dinner, I headed to the accommodation of the Tianjin friend's. The name of the unique Korean friend was YB, who's a professional back-packer traveling around the world for several years. That time, he'd enter Nepal and India through the Himalayas. The tent was a basic item to him. He's equipped with all the food, dining tools, climbing tools, oxygen bags, knives, utensils and etc. His backpack looked heavier than my weight. How could he carry that big bag for that long? He used to unfold a map, and if there's a mountain nearby, he immediately turned to the mountain to climb up and conquer it. Guangdong friend who once accompa-nied YB was blistered on his feet. He couldn't catch up with the speed of YB, so he'd not accompany YB ever. I asked YB, "Why do you travel?" He just kept smiling without any answer.

I met two Guangdong friends. One was Hu, male. The other was Xu, female. Hu was a photographer. A few months ago he left his company and started traveling to take good pictures. He carried two big cameras. He said those cameras were his only treasure. One camera was for taking a picture of nature, and another camera was for taking a picture of people. A picture became an artistic picture when Hu took a picture of a normal view, and a person became a super great-looking person when Hu took a picture of a normal person. Xu also left her job and had been traveling all over China. Xu was officially the first Guangdong woman I had met. Contrary to the fighting tone of northern women, the tender tone of the southern woman was like tickling. YB, Hu, Xu and me, 4 people gathered like that. One common thing was that we're all romantic freedom travelers.

In the morning, I ran into those 3 friends in front of a breakfast shop. I asked them where they'd go that day. The answer was ZheBangSi. Their destination was the same as mine. It's already coincidental that I met them at the same restaurant at the same time, and it's more coincidental the destination would be also the same. The probability could be one in a million. From that time on, 4 romantic freedom travelers started sharing time and making happy memories together in Tibet till I left for Yunnan. Luckily and luckily, I wasn't alone anymore.

Tibet 3. Tears dropped at Sheep Lake (Yang Hu)

The next day, 4 romanticists decided to go to Sheep Lake (Yang Hu). It's said there'd be a bus for Sheep Lake around at lunch time. Nobody knew the detailed route to Sheep Lake. The direction was just "over there." We got off a bus for 'over there' village after 4 pm. When we asked the bus driver about another bus for Sheep Lake, he said there's no bus going to Sheep Lake that time. About other means of transportation, he proposed an expensive service to us. Oh, it's clear he tried to overcharge us. It's not a time-driven trip. We started walking. I had been fine with walking. Who knows we'd be able to catch a passing car while walking? Hmm. Sadly no car passed by. We're hungry. We stopped somewhere and ate simple bread, sausage, and unidentified fruits. That unidentified fruit had no flavor. And Hu took out spicy chicken feet from his bag as a delicacy. The chicken feet looked alive. I thought my stomach was strong enough to eat all kinds of food in the world, but that day I didn't feel the courage to eat the chicken feet. I told them I'd eat chicken feet as the last food when we ran out of food. Considering the speed of eating the chicken feet by Hu and YB, I'd have no second chance to taste it that day.

No car came. YB said he had a tent, so if it's too late, we'd sleep in the tent. I asked if it's a tent for one person. He said yes. Four people in an one-person tent? I asked what we'd do when we had no more food to eat. He said we'd hunt for wild animals. Wow, hunting. I've never gone hunting except for what I did at disco clubs. Four people waited by the road. Had we waited for two hours? A small car passed by around at 6 pm. We stopped the car and began to bargain the price for transportation. That day, I was super confident about the bargain because I had 2 Chinese friends. The price was up and down, up and down. The driver called a price. We whined it's too much. The driver cut the price a bit down. We also raised the price a bit up. Then the price agreed~ When it comes to the acting ability for negotiation, A big movie award should be given to Chinese people because they act really well while bargaining. They do whatever role such as the main actor, a supporting actor, or extras if they can get more discounts.

The car zig-zagged the high mountain like a snake and reached a hill peak with a 4,200meter altitude sign. I could see Sheep Lake beyond the sign. It's so beautiful. The lake was right in front of me. It's a great… great view. I feel sorry I can't attach the photos here. It's just spectacular. The car zig-zagged down. For the past few days, we had been disappointed with the commercialized Tibet. We'd seen capitalism influenced Tibet. And wasn't it yesterday that we were sad about the modernized Tibet and dared to take more courage to see dreamy Tibet by moving further to K2? However, from Sheep Lake, there Tibet had its shape and was still alive keeping its own nature. Tibet that we had missed and wanted to see was unfolded before our eyes finally. We're happy. A cold wind blew strongly on our face, but we didn't feel it whether it's cold or not because of the impression of the beautiful scenery. Like children, we cheered and jumped around for happiness. We just enjoyed it. It's totally worthwhile coming to Tibet. Tibet had been waiting for us. That's the moment of being compensated and rewarded for a difficult journey with perseverance and patience in addition to serious altitude sickness. I stared at the sky. I breathed freely. The sky of Tibet greeted me. I embraced Tibet in my arms. Tibet eventually welcomed me there.

The car ran for another 30 minutes. The sun began to fall. The sunset was visible.

"先生, 停车一下儿 (sir, please stop the car)."

He stopped the car at the lake shore. We're excited and already crying. We ran out of the car and started to run wildly without a direction. We howled at the beautiful sunset. How gorgeous the sunset was! We cried, we cried again. We're as happy as can be. My cheek was hot with tears. It couldn't be so that beautiful but it was.

"I am happy. I am happy because I have Tibet, and I am happy to be in Tibet."

We had a hot love with Tibet for a while.

공대생도 영어, 중국어 할 수 있다

Yunnan 1. "Women cost less."

YB would cross the Himalayas and travel to Nepal. Xu flew on a plane to another city. Hu and I took a bus to Yunnan. In Lhasa, we remained two. But as we're moving to Yunnan, the number of people in our group increased. Because we had more friends to talk, we laughed more frequently. Especially two friends from Xinjiang province entertained me for 10 days. The big brother and his niece Sun were both business men. Because of their business talent, they're very good at speaking and negotiating. They led our group and solved all issues about accommodation, eating, purchasing items, transportation and so on. The purpose of these two's travel was to go to Shanghai, buy a jeep car and drive it back to home to sell the car with a certain profit. Shanghai is located at the southeastern end of China, and Xinjiang is located at the northwest end of China. Isn't it over 6000km distance? Those people were warm-hearted. The big brother's life was full of accidents and incidents, such as business trials, failures, and a love and another love. Love is a 'must' topic among men. Everybody has a lot of conversation materials to talk about it. The big brother cared especially for me. He did it until the last day of the travel. He gave attention to me and took care of me in no return. I felt grateful to him.

I guess local people might have a similar culture to ours. The oldest person in the group becomes a leader or a representative.

When the oldest sits on the leader's seat, he or she naturally takes charge of the group with responsibility. The rest of the group calls the oldest brother "a big brother" and starts obey him. It's a similar culture.

Sun's interest was internet cafes and cell phones. After he unpacked, the first place he always looked for was an internet cafe. He liked chatting with women. If he couldn't find an internet café in the city we visited, he seemed to be bored with no energy to talk. Then, when he found a new model of mobile phone in a street shop, he's excited as if a hungry wolf found a prey, asking about the price and checking the function. He liked to talk to phone sellers and chit-chat about mobile phone models. He compared the sales prices with the ones of other cities. He said he's a mobile phone seller in his hometown. That's why. He always called me "Bro Choi" and liked to joke with me. 'Sun' was naive. He wanted to make money and travel to Korea sooner or later. I promised that I'd guide him when he'd come to Korea. It's always pleasant to meet naive and innocent people during a trip.

As mentioned before, there's nothing good to expose yourself as a foreigner although you're a foreigner. The first reason is when market sellers discover you as a foreigner, the price of the goods they call will increase exponentially. Even if you cut the price well, you can't help but be ripped off because their called price already reflected the bigger margin for foreigners. The second reason is that foreigners can be not only the target of pick-pocket but also the victim of various crimes. The trip money we carry is much more than the monthly or yearly income of the local people. When you say "I am a foreigner", you can have attention from local people, but the risk of being involved in any crime can skyrocket.

Hu suggested that I'd better pretend to be a Beijing person for safety reason. Since the traveling cities were far from Beijing, if I pretended to know a little bit about Beijing and I spoke with a 儿话音 (Rolling sound in your tongue spoken in Beijing region as a dialect), nobody would doubt it. That'd be a good idea. For a couple of days, I managed to be a Beijing person, but when I met two Xinjiang friends, the strategy should be changed. Big brother's ex-girlfriend was a Beijing person. Also, sales people are quick to notice something unusual. Big brother found out I was a foreigner. Then he made a proposal with a revised version, which I pretended to be a Guangdong person instead of Beijing person. In his listening, I had a Cantonese accent. Among 1.5 billion people, there're a variety of ethnic groups and dialects. I could try to be a guy from a certain area in Guangdong. Since my appearance was similar to locals, under the condition I spoke less, I'd be a real local person. After arriving at Lijiang (a western city in Yunnan province), considered to be safe enough as a foreigner, I told other Chinese friends who accompanied me that I was Korean, they're shocked and told me "真的吗 (Really)?" I still remember their reaction at that moment. They didn't notice at all. Oh, that's good.

While eating dinner, I could feel Hu was not happy with something. I asked him what bothered him. He said he's dissatisfied with gender discrimination.

"怎么样 (how is it)?"

Hu said that he started the trip with a female friend from Guangdong province a few weeks ago. She wanted to go a different route so that they split somewhere. Then they had sent and received text messages to each other to keep it updated about their own travel. That afternoon she sent a message to Hu telling that she didn't need much money for the travel. The reason's that she didn't need to spend much money on transportation and meals. Everywhere she went, men weren't hesitant to give her a ride or buy food for her. Travelers including military men and farmers provided her with a free ride and even shared food happily with her. The only thing that she needed to do was listening to the men, reacting and laughing at their dry jokes. The complaint of Hu made sense. I couldn't stop laughing that evening. That's too bad I wasn't born as a woman. Could that be "gender discrimination"?

Yunnan 2. "There are no clothes."

At the end of the eastern Himalayas, we approached Yunnan. The roads to Yunnan were the ones cut off at cliffs with the width only one car could pass. It had been already several times that we walked for hours or a half day because mud and stones clashed so that the road was cut not allowing any transportation to pass. The bus that took on that day was a two-story of sleeper seat bus. It's scary to take that kind of bus in cliffs. Besides, my seat was on the second story. As I turned my gaze down the valley to the right, I could see the water in the valley far and far down. White or burned pieces were strangely seen on the valley side. The passenger next to me said it's a car fallen some days ago. Oh, my! Holy! It's scarier because he talked about the fallen car peacefully without any frightened emotion. Riding that bus wasn't comparable to riding a roller coaster in an amusement park. It's a live horror movie. The road condition in mountain rain day was bad, but the bus driver didn't care it and accelerated the engine like he's on a highway. When the bus zigzagged by the side of a mountain, sometimes a vehicle popped out from the other side. The bus passengers also screamed in danger. It happened tens of times that day already. Because the width of the road wasn't wide enough, when two vehicles met, one vehicle should find a space where two vehicles could cross side by side. In that risky situation, I needed to do something. I rushed over my wallet, took out a business card of my insurance agent, and gave it to Hu. I explained to him how to make an international call to Korea repeatedly. "If··· If something happens, you should···" I could see myself aged when I took off the bus.

After one more day, we'd enter Yunnan province. As normal, it started raining in the morning. The weather in high mountains is so volatile that the weather changes several times a day. Rain comes, hail comes, the sun shines, and suddenly a gust of wind blows. I could see the same pattern that morning. Cars on their way to Yunnan returned to the village where our bus stopped for a break. It seemed the road was cut again. With an easy and normal mind, packing snacks, we went to the spot of cut road to see how it looked like. Wow, it's big. We could see a bunch of rocks. There're rocks of man size. I presume forklifts and heavy equipment would be required to recover the road. In that case, it'd take a week to make the path clean. That's such a case. Our group gathered together to have a discussion. We checked the remaining travel budget, the remaining travel time, and the route to the final destination. We made a decision. Actually we had no choice. We go to walk. Even if it's cold and rainy, we had to move. Theoretically, if we walked for about a day, we'd be able to get to the first rural town of Yunnan province. We knew that another hiking trip just started inevitably. I put my entire luggage in one bag. I wrapped my big bag in the raincoat. Waterproofing was necessary. I changed into comfortable clothes to walk easily. I put on a waterproof jacket. My hat and umbrella were handed to the big brother and Sun for use. The driver refunded the bus ticket recognizing the bad situation on the road. We could secure more money.

Ten people accompanied. They carefully went over rocks one by one. If I slipped or stepped on a wrong stone, rocks would have collapsed. There's no need to die abroad. I was confident in walking because my altitude sickness was gone and I had already walked a lot of the Himalayan mountain roads for past weeks. In the catastrophic weather, sneakers and pants were all wet. Even though we might have been tired going through the harsh hiking trails, nobody showed expressions of being tired or fatigue. Nobody complained about the situation while everyone was carrying heavy loads of weight over his or her body. I could only hear the sound of giggling. In the Himalayas, when you laughing out loud, the laughter echoes back. If you're happy, your happiness echoes back, too. You know what? It's always good to walk with positive travelers.

We arrived late in Yunnan province. I and Sun got a room for 2 people and fell asleep right away after a short time of dinner. I was in a sleeping coma feeling safe arriving in Yunnan province. The next morning, 2 men knocked on the door of our room. Boom~Boom~Boom~! It seemed quite urgent as the door was knocked with a loud sound. I pushed the door out to check whom. Two men were standing naked. They're wearing only underwear. I rubbed my eyes. Ah, it's the big brother and another friend from Lhasa. Oh no!

"我们没有衣服了。小偷把我们所有的东西偷走了 (The clothes are gone, the thief stole all of our stuff.)."

Clothes, money, purses, cell phones, ID cards and etc were all gone. They said they surely had locked the door lock before they went to bed, but the thief unlocked the lock and took everything out. They couldn't hear anything they're so tired and slept very deeply like dead bodies. The Lhasa friend was also a businessman, so he carried a lot of cash. How poor~! I let two naked friends in and checked my baggage in a rush. I checked my passport. There was. I checked my wallet under the pillow. There was. Phew! Our room was safe. Last night, my unconscious behavior hanging the chain key on the door saved us. Later, the police came to investigate, but there's no way to get things found. It's not a hostel with CCTV. And the police seemed to have no will to identify fingerprints and they just wrote down an investigation report. It's a nightmare for those friends, but I still can't forget the naked two men standing only with underwear knocking on the door in the morning. Sorry, guys~!

At Yunnan terminal, my camcorder was also pick-pocketed. While I was reading a book, my small camera/camcorder in my bag disappeared suddenly. How was that possible? While my eyes were stuck in the book or a bus to come in, a pickpocket played in a nano second. It'd better have other things stolen because my camera/camcorder had a lot of photos and videos since the start of my trip. No~ No~ No~! Can I pay more money instead I get the camera/camcorder back? Damn it! I just put a few videos on my SNS. I didn't save most pictures and videos. They're gone. Oh, I was sad. It's like I've never been to Tibet. Seriously I cried at the station. Let's be positive. At least I have one very good reason that I should go back to Tibet some day in the future.

Hu came into my room. He also cried. He showed me a CD cut in half. He used the full memory of his camera, so he burned a CD with old photos. When he returned from the city tour, he found out that the CD inside his bag was beautifully broken in half. He's a professional photographer and the reason to come to Tibet was to take good pictures. His case was worse. Anyhow, I could understand his sadness. It's sympathetic.

I recalled a memory. In spring, a teacher asked a question to students. What's the fastest animal in the world? Students answered, "Lion", "Tiger", "Cheetah" and so on.

My answer at that time was,

"是小偷 (It's a pickpocket)."

My answer was shown in reality during my travel in Tibet.

Wrapping up the travel

There're many traditional cities in Yunnan province, Shangri-La, Lijiang, Dali, Kunming, and more. Shangri-la was where the gods lived like the paradise on earth. Lijiang and Dali were where a long line of souvenir shops, restaurants, and bars across the river welcomed me in very Chinese style. Kunming was famous for its hot weather and also its large scale of attractions. I had a day tour of a stone forest somewhere near Kunming that showed another spectacular view of stones like needles eroded by rain and wind for thousand years.

I met Jin at a hotel in Lijiang. At first glance, I could see that Jin was a daughter of a rich family. She didn't look like a common person with a Bronze spoon. Her accessories and clothes were quite luxurious. She told me she's from Xi'an and was having a holiday for a week. She's shy, so she mostly made a quiet voice. When she laughed, her eyes turned into a half moon. She still kept baby cheeks. Mysteriously she wanted to walk the streets of Lijiang with me. A miracle happened to me. I should live long to see more miracles. Looking around from the entrance to the top along the stream in the city center, I didn't realize how quickly time passed because of big fun with her. Colorful Chinese buildings, various decorations, and souvenirs attracted us to be devoted to shopping regardless of gender. I bought necklaces, bracelets, and rings. I saw female hormones emerged in my body that day.

After a while, dusk came and we searched for a place for dinner. The smell of roasting and baking food flooded all over the places. Jin wanted to go to the second floor of a restaurant. I was a slave of a beauty. I always listened to the words very well spoken by beauties. I just followed her and we took the window seats on the second floor. We started eating dinner. We sat down in the same seats for long for eating, drinking, chatting or staring at passersby till the moon came out. The colorful lights of the street slowly turned on. Red, yellow, and green lights filled the streets. It seemed people were getting high. Then, people from the opposite restaurant shouted something in Chinese. Did they sing? Then the people in our restaurant shouted back. What? They shouted out again. We also shouted back. That's a kind of game to sing first and sing after. Jin was a shy person so that she came up to the second floor quietly without explanation. She deliberately picked up a window table for that game. She enjoyed that game, too. I didn't understand what they sang but I just shouted like 'Lalalala~ I'm Nanana~!" It's very interesting. Those guys would really stay up the night doing that repeatedly. Because of fun singing, the beer was more delicious. Dim backlight tempted me. I couldn't stop smiling for excitement and happiness in drunk. I didn't even remember how I went to bed. I blacked out. It's a night that I got drunk the most in Yunnan.

Jin blushed and gave me her phone number to me. She asked me to please contact her when I'd pass by Xi'an soon. Would I meet her? Could I see that beautiful woman again? I put a note with her number in my wallet carefully. And I tied my shoe laces and moved to the next destination next day.

Epilogue

I'm leaving again. Is this a fate? At least the person leaving is better than the remained ones. The remained ones will have the agony of the survivor left.

The number of people I've got to thank is increasing. There're many good people who are willing to help me when I request. I'm still studying how to be thankful and how to give thanks back to people. I should do something for these good people.

I'm leaving this time again, leaving for another continent. Although I am getting used to "leaving", but thing is that I'll never get used to "sorrow to leave." It's still hard to say good-bye to friends and family. And my bravery to say good-bye is being weakened as I get old.

It's the New Year's Eve. All friends are drunk talking about 365 days passed. It's been a busy year for everyone. Everyone regrets that he or she has not done so much for the year. But at the moment of celebrating the new year, there's only laughter and joy. We set all the fireworks packets in the yard and start counting down.

"Ten!"

"Nine!"

"Eight!"

"Seven!"

"Six!"

"Five!"

"Four!"

"Three!"

"Two!"

"One!"

"Happy New Year~!"

We embrace each other and laugh as loud as we can. New Year is good. What will you do in the new year? What dream do you want to have? Is it a small one or a big one? Where could be your next destination? Just follow your heart, and don't listen to your head. Isn't it stupid to live a life of other people? Keep up your efforts to be yourself!

It's a beautiful night with dozens of bottles of wine and vodka. It's good to be true. I'm so happy that my heart is still pounding. I know I'll continue my gypsy life until I have the last energy to walk. What a wonderful world it is~!